REBECCA HORN

**Die Stämme
der Bienen
unterwandern
die Maulwurfsarbeit
der Zeit**

**Konzert
für Buchenwald**

Part 1
Straßenbahndepot

Part 2
Schloß Ettersburg

Scalo Zürich – Berlin – New York

Die Stämme der Bienen unterwandern
die Maulwurfsarbeit der Zeit

Konzert für Buchenwald
Part 1 Straßenbahndepot
Part 2 Schloß Ettersburg

Installationen von Rebecca Horn
15. Mai bis 15. Oktober 1999

kulturstadt europas

Inhalt

BERND KAUFFMANN
..... 7 **Vorwort**

MARTIN MOSEBACH
..... 11 **Konzert für Buchenwald**

REBECCA HORN
**Die Stämme der Bienen unterwandern
die Maulwurfsarbeit der Zeit**
..... 18 Konzert für Buchenwald, Part 1 Straßenbahndepot
..... 23 Notebook, 27. September 1997 – 15. Mai 1999
..... 27 Konzert für Buchenwald, Part 2 Schloß Ettersburg

BORIS GROYS
..... 33 **Das Archiv der Asche**

DORIS VON DRATHEN
..... 45 **Die Uhr der Revolte**

BERND KAUFFMANN

Vorwort

Rebecca Horns Arbeiten in Weimar sind nicht für eine Ausstellung geschaffen, sondern für einen Ort, der an seiner Geschichte trägt. In Annäherung an ihre Arbeit hat sie ein Gedicht geschrieben, *Die Stämme der Bienen unterwandern die Maulwurfsarbeit der Zeit,* dem sie in zwei zusammengehörigen, aber örtlich getrennten Installationen Ausdruck verleiht: im Weißen Saal des Schlosses Ettersburg und im Straßenbahndepot in der Mitte Weimars. Beide Arbeiten nennt sie *Konzert für Buchenwald.*

Den Abschied, die Verlustanzeige von jeder Zivilisation formuliert Rebecca Horn unten in der Stadt. Vor sechzig Jahren sahen deren „Bürger Werk, Person und Würde Goethes durch die Errichtung des Konzentrationslagers auf dem Berg tief befleckt", so jedenfalls lautet die damalige Mahnadresse der Goethe-Gesellschaft an die Verantwortlichen.

Die lichtere, keineswegs ungebrochene Arbeit hat Rebecca Horn oben auf dem Hügel über Weimar im Weißen Saal des Schlosses realisiert.

Es war schon immer Prinzip und Absicht der Kulturstadt Weimar GmbH, vergessene Räume dieser Stadt neu zu besetzen, damit Zwiesprache entstehe zwischen dem Gewesenen und dem, was Künstlerinnen und Künstler neu und gegenwärtig schaffen. Diese Zwiesprache hat Rebecca Horn fortgeführt, und in ihrem Werk wird sie zum skulpturalen Ereignis.

Vor knapp eineinhalb Jahren hat sie damit begonnen, die beiden Orte einzukreisen. Nun hat sie ihren Weg gefunden, ihre Zeichen in Asche hier und in hellerem Licht dort gesetzt.

Rebecca Horns Arbeit ist eine für Weimar. Sie ist nicht versetzbar, läßt sich nicht trennen von dem, wo sie steht. Raum und Werk bedingen einander und werden voneinander nicht lassen können. Rebecca Horns Tun ist dem Boden der Geschichte dieser Stadt ganz und gar verhaftet. Sie hat mit dem, was sie geschaffen hat, das Mark und den Nerv Weimars getroffen. Ebenso deutlich wie eindeutig.

Im Straßenbahndepot eines stillgelegten Elektrizitätswerkes: Wände aus geschütteten Ascheschichten, Vernichtungsasche, eine Lore aus Buchenwald, ein hin- und herfahrendes Charongefährt, das trotz der abschließenden Mauer keine Ruhe finden kann. Aufgestapelte Musikinstrumente; alle zerstört, verloren und verlassen; Geigen, Mandolinen und Gitarren, sie sind verstummt mit den Menschen, die sie zum Klingen brachten; das flackernde Licht, das nach dem Stoß des Karrens an die Mauer nur tastend und zögernd aufzusteigen beginnt, so wie eine Seele entweicht.

Im Weißen Saal des Neuen Schlosses von Ettersburg die sich windenden, drehenden Spiegel; das panische Summen von Bienen, ihre lichternden, schwebenden Körbe, zwei Streichtöne eines Cellos, das aufrecht steht. Ein Stab, einem Taktstock gleich, der Zeichen in die aufsteigende Landschaft schreibt, hinter der das Grauen lag; das in den Spiegeln wandernde Licht und der fallende Stein, der wie ein „Memento mori der Ideen" die Spiegel zersplittert.

Rebecca Horn schließt mit ihren beiden Arbeiten, die aus der Zeit gefallen, zeitlos sind, den Kreis in Weimar. Sie verbindet etwas überkreuz, was im Nacheinander der Zeitläufte von Glück und Grauen zu einem Nebeneinander in der Gegenwart geworden ist.

Auf eine sehr persönliche Weise verbinde ich ihre Arbeit mit *Bleiche Mutter, zarte Schwester* von Jorge Semprún, der vor einigen Jahren dieses Oratorium für Weimar schrieb. Ich denke an das Gespräch, das in dem Stück Léon Blum, der ehemalige französische Ministerpräsident, KZ-Insasse und Autor der *Neuen Gespräche Goethes mit Eckermann,* mit „seinem" Goethe führt. Ich denke an den Satz von Léon Blum zu Goethe: „Es gibt ein Bedürfnis nach einem Traum. Das, was wir bisher erlebt haben, war eine Karikatur." Die reale Karikatur des Bösen und des Endes hat im Straßenbahndepot Gestalt angenommen, und auf dem Ettersberg kreist und spiegelt sich der Traum.

Im Depot stellt Rebecca Horn durch ihre aus Asche geschichteten Wände die Angst und die Not dicht um unsere Schultern. Auf dem Hügel führt sie aus dem Dunkel hinaus, verweist auf andere Möglichkeiten, die in unserem dürftigen Alltag immer weniger Raum finden. Rebecca Horns Arbeit ist kein unterhaltsames Vergnügen, wo man – wie andere sagen – gerne hingehen möchte, ist keine ästhetische Geste für eine Stadt oder ein Land samt deren Selbstfindungsgerede.

Hier ist eine Künstlerin ans Werk gegangen, die nicht auf Wirkung bedacht arbeitet, hier schöpft eine Künstlerin unmittelbar erfahrbare Bilder aus ihrem eigenen tiefen Erleben. Rebecca Horns Arbeit ist Klage und Hoffnung zugleich, ein ästhetischer Todes- und Lebenstext voller Schmerzen.

In einer großen Stadt in Deutschland, die wieder Hauptstadt geworden ist, debattiert man nun zehn Jahre über ein Mahnmal und die vermeintlich richtige Form des Erinnerns. In einer kleinen Stadt in Deutschland, die nicht frei von Last und Belastung ist, wurde unaufgeregt und still etwas geschaffen, was in seiner Klarheit, Berechtigung und gedanklichen Konsequenz weder langjähriger Diskurse noch irgendwelcher Kompromisse bedurfte.

MARTIN MOSEBACH

Konzert für Buchenwald

Nahe von Neapel, im Gebiet der Phlegräischen Felder, wo die Erde niemals zur Ruhe kommt, liegt ein stilles Gewässer, das von römischen Ruinen umgeben ist, wie auf einem Gemälde von Claude Lorrain. Das ist der Averner See. Sein Name kommt von dem griechischen Wort „aornos", das heißt „ohne Vögel". Man nimmt an, daß hier einst schwefelige Dämpfe aus den Erdspalten stiegen, die den Vögeln den Aufenthalt unerträglich machten. Dieser vogellose runde See war in der Antike den Menschen unheimlich, ein „locus terribilis", schreckenerregend und ehrfurchtgebietend. Man vermutete hier den Eingang zur Unterwelt.

    Rebecca Horn hat das Lager Buchenwald im September vor eineinhalb Jahren zum ersten Mal betreten, als sie darüber nachdachte, was sie in Weimar verwirklichen wolle. Sie beschreibt die einzigartige Lage des öden steinigen Feldes auf der Bergkuppe: kahl und glatt gerundet wie ein riesiger Totenschädel. Sie spricht von der Wand aus Buchen ringsum, die sich zu weiten Ausblicken auf ferne Hügel öffnet. Keine Vogel habe gesungen, es sei vollkommen still gewesen an jenem Tag. Vielleicht lag es daran, daß schon September war. Im Mai singen die Vögel im jungen, hellgrünen Buchenlaub, wie sie es gewiß auch vor fünfzig, sechzig Jahren getan haben. Dennoch war das weite kahle Feld auf dem Ettersberg ein Eingang zur Unterwelt. Ein Jahrhundert, das sich in vielen Ländern zum Ziel gesetzt hatte, das Paradies auf Erden zu schaffen, hat statt dessen die Hölle, viele Höllen auf Erden geschaffen.

    Ich spüre in mir einen Widerwillen gegen meine Assoziationen: Was hat das graue Elend von Buchenwald, die tausendfache Menschenschändung mit dem Averner See und den geborstenen Ziegelkuppeln an seinen Ufern zu tun? Wie kann ich es wagen, Bilder von klassischer Schönheit und Ruhe mit Massenqual und Massenmord zu verbinden? Die Fähigkeit anderer Zeiten, den Schmerz in einen höheren Zustand zu gießen, in dem hinter der Grimasse des

Todes etwas Unzerstörbares sichtbar wurde, hat uns verlassen. Die Würde eines „sterbenden Galliers" muß uns als Beschönigung des Verreckens auf dem Schlachtfeld vorkommen, vergeistigte Kreuzigungen als Ästhetisierung der Folter im Dienst der religiösen Propaganda.

Es ist nicht unsere tiefere Einsicht, die uns diesen Blick gelehrt hat, diesen nur scheinbar nackten Blick. Die großen Epochen der Geschichte unterscheiden sich vielmehr durch die Farbigkeit der Brillengläser, durch die hindurch Gegenstände und Vorgänge von den Zeitgenossen wahrgenommen werden. Eine unsichtbare Hand setzt jeder neuen Generation andersfarbige Gläser auf: Sie machen unsichtbar, was die Vorhergehende gesehen hat, und holen heraus, was den Vorhergehenden verborgen war.

Was kostet ein Mensch? In älteren Kompendien für die Jugend konnte man die Materialien, aus denen ein Mensch sich zusammensetzt, aufgezählt finden: Kalk, Wasser, Eiweiß, andere Stoffe, alle billig, Kosten insgesamt etwa vierzig Mark. Damals war die organische Chemie noch nicht weit genug entwickelt, um den Wert der organischen Verbindungen im menschlichen Körper ermessen zu können. Nach neueren Erkenntnissen ist der einzelne Mensch etwa zwei Millionen Mark wert; aber wissen wir, ob der Gang des Fortschritts seinen Preis nicht wieder sinken lassen wird? Solche Überlegungen klingen zynisch. Wir sind in unseren zentralen Überlegungen eigentümlich gespalten, doch diese Gespaltenheit ist kein Zufall: Sie stammt aus dem Geburtsumstand unseres Denkens. Die Menschenrechte sind für unsere Welt der letzte verpflichtende Maßstab; für sie fühlen wir uns sogar berechtigt, Kriege zu führen, so wie im Mittelalter Kreuzzüge geführt wurden. Diese Menschenrechte wurden im 18. Jahrhundert von Philosophen formuliert, die davon überzeugt waren, daß der Mensch eine seelenlose Maschine sei, ein Uhrwerk, das laufe, solange das Werk aufgezogen werde. Die Künder der Menschenrechte waren zugleich die Leugner des freien Willens. Die Autonomie des Menschen wurde von Denkern gefordert, die an die Determination jedes einzelnen glaubten. Eine noch weiter fortgeschrittene Wissenschaft leugnet nicht nur den Willen, sie stellt sogar das Bewußtsein als Ausdruck der Person in Frage. Manchmal glaubt man sogar, daß sich der Mensch als Subjekt der unverändert als gültig betrachteten Menschenrechte bereits aufgelöst habe. Und dann greift aus einer Sphäre, die wir längst zu definieren aufgegeben haben, eine fremde Gewalt nach uns, drückt uns die Kehle zu – und das Herz wird uns schwer, wenn wir erleben müssen, wie menschliches Leben zertreten wird.

Viele Fragen könnten sich aus diesen Überlegungen ergeben, aber ich werde sie nicht formulieren, die Kunst der Rebecca Horn enthielte darauf auch keine Antwort. Kunst ist überhaupt nicht dazu da, Fragen zu beantworten. In ihrem Umgang mit der Realität nimmt sie teil an einem Phänomen, bei dem jeder Mensch Künstler ist: am Träumen. Der Traum reagiert auf die bedrängenden Erlebnisse des Tages, aber er löst sie nicht, er analysiert sie nicht, er erklärt sie nicht. Ein wirklicher Traum entschleiert dennoch etwas: Er macht deutlich, worin das eigentliche Rätsel bestand, das sich unter dem Sturm der Ereignisse tagsüber versteckt halten konnte. Dazu sammelt er die Bruchstücke des Tages und fügt sie zu einer neuen, überraschend richtig empfundenen Ordnung.

Auch Rebecca Horn war für ihre Arbeit im Weimarer Straßenbahndepot zunächst Sammlerin. In den Odenwalddörfern, die in der Nähe ihres Ateliers liegen, sammelte sie ein Jahr lang Asche. Asche von Papier, die sehr hell und bläulich ist, Asche von Holz, die je nach Holzart grünlich oder sandig oder hellgrau ist. Wenn man diese Asche zermahlte und zerrieb, wurde sie ein reines Pulver, pudriger Staub, der nicht mehr ahnen ließ, daß er die Grundsubstanz zu einstmals lebendigen Gebilden war. Im Aschenstaub erreicht die Materie für das sinnliche Empfinden den höchsten Abstraktionsgrad. Aus einem dicken Scheit wird ein Häufchen, das man mit einem Hauch auseinanderblasen kann. Was Konzentration und Destillation vermögen, zeigen die kleinen Blechdosen, die enthalten, was vom Menschen im Feuer übrigbleibt. Das Skelett erscheint wie eine Karikatur des Lebens. Die Asche ist nicht einmal mehr Tod, sie ist schon ganz nahe am Nichts.

Im Weimarer Straßenbahndepot stehen sich zwei lange hohe Glaswände gegenüber. Hinter diese Glaswände hat Rebecca Horn ihre gesammelte Asche gestreut, so wie sie ihr gebracht wurde. Schicht legt sich auf Schicht, die Farbigkeit wurde im Kontrast wieder sichtbar. Hinter Glas formten sich Wellen, Marmorierungen, Einschlüsse wie in einer geologischen Formation. Es entstanden farbige Wolken, als ahme die Asche in dieser fixierten Form die Rauchwolken nach, die ihre Entstehung begleiteten. In der Wüste bläst der

Wind über die Dünen und ordnet sie zu parallel laufenden Linien. Der Wind der Geschichte bläst über die Millionen hinweg und kämmt das individuelle Leben zu Mustern, die erst aus großem zeitlichen Abstand sichtbar werden. Hinter den Glaswänden ist jede Bewegung zum Stillstand gelangt. Aus dem flüchtigen Staub, dem beinahe Nicht-Existenten, ist hier wieder etwas sehr Festes geworden. Die Asche ist zu einer Art leichtem Gestein zusammengebacken, Blöcke sind aus der komprimierten Asche geworden, die wie Fels von Sprüngen durchzogen sind und in manchen Spalten bröckeln. Wenn man ein großes Aschefeld ausgraben würde, sähen die Wände der Schächte so aus. Man kennt die riesigen Marmorossarien in Verdun und Douaumont und von den Friedhöfen Italiens. Was würde man sehen, wenn man den marmornen Vorhang mit seinen Bronze-Inschriften, seinen vergoldeten Palmetten, seinen Namen, deren Silben so viel von einem Menschen fühlbar machen, hochheben würde? Im Straßenbahndepot gibt es diese Marmorwand nicht. Der Anblick, den sie verstellt hätte, hat nichts Abstoßendes an sich. Schöner Stein breitet sich hinter Glas aus. Etwas Abstraktes, Kühles, Stummes.

Aber der Raum ist nicht stumm. Ein enervierendes Maschinengeräusch erfüllt ihn. Auf einem Schienenstrang fährt eine Lore hin und her, ein Bergwerks- oder Steinbruchwägelchen, das auch ohne Last nicht aufhören kann, in Bewegung zu sein. Mit einem Knall schlägt es gegen die alte schwarzgestrichene Mauer des Depots, aber das Hindernis bringt es nicht zur Ruhe, schon rollt der kleine Wagen zurück. Und auch auf der anderen Seite wird er aufgehalten. Auf dem Gleis türmen sich alte Geigen und Gitarren, ineinander geschoben, verkeilt, mit gesprungenen Saiten, mit zerbrochenen und gesplitterten Resonanzböden, mit fehlenden Wirbeln und geknickten Hälsen. Die Körper der Geigen und Gitarren liegen über- und untereinander in langer Reihe. Armselige Geigen aus billigem hellen Holz und wundervoll schildpattartig gefleckte, edel gealterte Instrumente liegen wahllos aufeinander. Gitarren, auf denen Zigeuner ihre Lieder begleiteten, perlmutterintarsierte „O sole mio"-Mandolinen, Lauten mit Schildkrötenbäuchen für elisabethanische Liebeslieder und zierliche Violinen, die in späten Beethoven-Quartetten geklungen haben – ein ganzes Volk von Musikinstrumenten in seinen vulgären wie in seinen elitären Teilen brutal zusammengeschoben und in Abfall verwandelt. Die Saiteninstrumente haben Menschenform, das haben die Künstler, die zerbrochene Lauten neben Totenschädeln zu Vanitas-Meditationsbildern setzten, schon früh gesehen. Geigen und Gitarren haben eine Taille und einen geschwungenen Leib, und sie besitzen eine Stimme, die, bei den Geigen jedenfalls, in tieferen Lagen der menschlichen ähneln kann. Und man kann bei ihrem Anblick, auch in ihrem zerstörten Zustand, diese Stimme nicht vergessen. Sie ist immateriell – in der Berechnung des Materialwerts einer Geige kommt sie nicht vor. Dennoch ist gerade diese Stimme das einzige, was dem Instrument seinen Wert verleiht.

Immateriell ist die kostbare Stimme, aber wenn man in Rebecca Horns Depot steht, dann ist es, als würde die Stimme, die vielen hundert Stimmen aus den vernichteten, geborstenen Instrumenten, auf das Eisenwägelchen geladen, als hole dieser Wagen wie ein Fuhrmann die Stimmen aus den toten Violinen ab und fahre sie an ein anderes Ufer. Dort ist alles vermauert – ein Drüben auf derselben Ebene gibt es nicht. Und nun suchen sich die Stimmen mit ihrer ungebrochenen Energie selbst ihren Weg. In gezügelten Explosionen, in Blitzen, die wandernden Irrlichtern gleichen, steigen sie in die Höhe. Ein Transport, das Ende eines Transports, eine Mauer, eine Verwandlung, eine Flucht, ein Entkommen in die Luft, eine Blendung, ein Verschwinden.

Im Weißen Saal von Schloß Ettersburg ist das andere Ende des imaginären Bogens, den Rebecca Horn über den Ettersberg und das Lager Buchenwald spannt. Dieses Schloß ist eine italienische Phantasie in einem deutschen Bergtal, Wahlverwandtschaften-Landschaft, verwildert und verfallen, und deshalb vielleicht etwas näher an den großen Weimarer Zeiten als das allzu entschlossen Restaurierte. In diesem Schloß hat Goethe seine *Iphigenie* aufgeführt, in einer Liebhaberaufführung: er selbst gab den Orestes. In zweien seiner klassischen Dramen steht im Vordergrund das Thema des Wahnsinnigwerdens, und beide Male ist dieser Wahnsinn in eine sehr enge Verbindung zu seiner Person gebracht: Torquato Tassos Paranoia, der Beziehungswahn des hochbegünstigten und zugleich ausgebeuteten Dichters, und der Wahnsinn des von den Furien gehetzten Orestes – Wahnsinn als Folge übergroßer, nicht zu sühnender Schuld. Bei Sartre sind die Furien, die den Muttermörder jagen, ein Fliegenschwarm. Das unruhige auf- und abschwellende Summen aber, das heute den Weißen Saal erfüllt, in dem sich vor gut zweihundert Jahren Orestes in Verzweiflung gewunden hat, stammt von Bienen. Und Bienen sind zwar gefährlich, wenn sie man reizt, aber sie sind keine Zerstörerinnen. Sie schaffen etwas Bewunderungswürdiges: ein intelligentes Kollektiv, einen harmonischen Staat – und köstliche Substanzen: Wachs und Honig. Sie sind ernst, mit unbeirrbarem Eifer ihrer Aufbauarbeit zugewandt. Ihre Intensität zerschneidet vielfach mit tausend feinen Messern den Qualm der Depression. Eine heile Welt ist es nicht, in der sie wirken. Hier fliegen Steine durch die Luft und zertrümmern Glashäuser und Traumblasen. Von der Höhe der bröckeligen, mit mürben Weimarer Fürstenkronen geschmückten Decke fällt immer wieder sausend ein Basaltbrocken auf die Spiegelscheibe, die das Licht aus den Bienenkörben reflektiert, und zertrümmert sie – das Licht zerstreut sich dadurch, die Spiegelscherben erglänzen wie eine unruhige Wasseroberfläche.

Die Bienen sind im Weißen Saal gefangen – im benachbarten Salon öffnet sich der Blick ins Freie auf ein romantisches Berglandschaftsgemälde in einem die Sehnerven überflutenden Grün. Hier steht ein Cello und spielt mit zwei Bogenarmen selbst auf sich, einen magischen Sextakkord, der sich in das Bienensummen und das Steinsausen einflicht. In den grünen Berg draußen schreibt ein chinesischer Wiegestab wie ein Dirigentenstäbchen einen Schnörkel, Linien, vielleicht sogar einige Worte. In Luft zu schreiben ist ein vexierendes Unterfangen, fast glaubt man lesen zu können, und immer neu entschlüpft einem die Phrase. Dafür wird sie immer neu geschrieben, für den Betrachter geschrieben, mit niemals endender Geduld, und er bleibt aufgefordert, sie zu entziffern.

Das Sterben in Buchenwald war die Folge des Unrechts, aber dieses Unrecht ist vergangen und gerichtet. Tod, Wahnsinn und Sinnlosigkeit bedrohen jeden einzelnen von uns dennoch, sie begleiten unser Leben, bis der Tod schließlich den Sieg davonträgt. Alle Töne und Geräusche, alle Farben und Formen und Bewegungen entfalten erst vor diesem Hintergrund ihre überwirkliche bedrängende Nähe, als wollten sie die ganze lebendige Welt aufsaugen und in sich bewahren.

Konzert für Buchenwald, Part 1 Straßenbahndepot

REBECCA HORN

Die Stämme der Bienen unterwandern die Maulwurfsarbeit der Zeit

Notebook, 27. September 1997 – 15. Mai 1999

Buchenwald
eine abrasierte Schädeldecke
die Genickschußanlage getarnt in einem hölzernen Meßstab
das Halswirbelorakel
keine Vögel auf dem Berg, kein Laut,
die Toten sind in Angst verbunden,
bilden eine bleierne Hautglocke, die über Weimar hängt
auch Bäume wollen hier nicht wachsen,
als ob die Energie vom Innern der Erde aufgesaugt,
durch Steine den Grundriß des Lagers beschwert.

In Polen gab man Gefangenen ein Beil,
schickte sie in den Wald, um einen Baum zu fällen
stehend mußten sie den Baum umklammern
von hinten wurden sie erschossen
ein gerodeter Wald von Körpern und Bäumen.

Die Sonne zeichnete Körper und Pflanzen im Feuer
zum Aschefeld einer verkohlten Landschaft.

Aufbrechen der toten Erdkruste
Dunkelheit, Schwere im Innern,
in die man täglich hinabsteigt
blinde Beweglichkeit in konstanter Ausdauer
Maulwurfshügel, Vulkane,
geheime Satellitenstationen
die Maulwürfe, die aus dem Innern der Erde ihre Klopfzeichen senden.

Raum der Bücher
fließendes Wachs schweißt die Bücher zusammen,
verbrennt sie.
Eine Bibliothek der Asche bauen.

Straßenbahndepot in Weimar
Landschaft der 56.000
den Schienenstrang durch das Tor ins Innere verlegen
ein kleiner Transportwagen aus Buchenwald
fährt in Herzrhythmen gegen die hintere Wand,
der Aufprall erzeugt Blitze,
die wie Seelenstränge an der Stirnwand emporzüngeln.
Die Landschaft der Asche erhellen.

Les funérailles des instruments

Immer noch schlafen Körper, die Geigen, auf den Gleisen
warten geduldig auf den Transport ihrer Erlösung.
Der Wagen fährt über den Hals einer Geige,
im Zerbersten erklingt leise ein Ton.

Den Kaktus der Leere verschlingen

Einen Bogen bis zum Schloß Ettersburg hinter Buchenwald spannen
Die Bienen haben ihr Zentrum verloren
sie schwirren in dichten Wolken hoch oben
ihre leuchtenden Korbhäuser sind verlassen.

Wandernde Lichtinseln suchen die Irrenden,
um eine Fluchtachse zu spannen
In fliehender Bewegung sie einzuholen
die Planetenkarte des Lichts neu zu bestimmen.

Die Bienenkörbe, das wandernde Licht der Stämme,
der Versuch, der Zerstörung zu entgehen.
Dem alchimistischen Prozeß ausgeliefert:
der Spiegel des Wassers, durch Cayennepfeffer erhitzt, wird zu Blut,
verdampft im Feuer zu glühendem Licht.

Das Licht verändert die Inselpole der Bienen
einer der Stämme wird immer aufs neue zerstört
das ewige Wandern und Suchen
die Schrift,
Zeichen im dunklen Wasser
der Wind, der in den Sand schreibt
die Zeichen verändert.

Die Labyrinthe der Maulwürfe
gleichen in ihren verästelten Energieströmen
den Flugbahnen der Bienen,
sie treffen sich im Menschen,
dem Katalysator,
der Oben und Unten im Geist verbindet,
im Prozeß einer Umkehrung
suchend die Sprache der neuen Zeichen schreibt.

Simson tötete einen jungen brüllenden Löwen,
in seinem Körper fand er einen Bienenschwarm und Honig.
Er befreite die Bienen und nahm den Honig in seine Hände,
aß im Gehen und verriet niemandem sein Geheimnis.

Blick auf Buchenwald, Schloß Ettersburg, Weimar

BORIS GROYS

Das Archiv der Asche

Jedes Archiv wird bekanntlich dafür geschaffen, die Zeugnisse der Vergangenheit aufzubewahren – sie vor Zerstörung, Verbrennung, Vernichtung zu retten. Am besten erfüllt dasjenige Archiv seinen Zweck, das gegen die zerstörerische Kraft der Zeit am meisten immun ist. Das Archiv der Asche kommt diesem Ideal der Unzerstörbarkeit offensichtlich am nähesten. Die Asche kann nicht noch einmal zerstört, verbrannt, vernichtet, sondern nur verstreut werden. Aber auch in einem solchen verstreuten Zustand bewahrt das Archiv der Asche seine virtuelle Einheit – als Möglichkeit einer neuen Sammlung. Die Installation von Rebecca Horn, *Konzert für Buchenwald,* stellt in erster Linie ein solches Archiv der gesammelten Asche dar. Die Asche liegt gesammelt in großen Schränken, die den Raum umrahmen und die vor allem an Bücherschränke aus alten Bibliotheken erinnern, in denen die Bücher hinter Glas stehen und als architektonische Vollendung und zugleich Verzierung des Raums dienen. So, wie man in solchen alten Bibliotheken visuell in erster Linie auf das Farbmuster reagiert, das die ausgestellten Bücher bilden, so merkt man auch in der Installation von Rebecca Horn, daß die in den Schränken befindliche Asche verschiedenfarbig ist – und dadurch einen ästhetisch durchaus reizvollen Effekt schafft. Und ebenfalls wie in den alten Bibliotheken entsteht in der Installation dank der strengen Geometrie der Schränke und der kalten, abweisenden Oberfläche der gläsernen Wände eine besonders erhabene, ehrfurchtgebietende Stimmung. Zugleich zeigt sich die Asche auf den ersten Blick nicht als eine unstrukturierte, fließende, flüchtige Masse, sondern kompakt, versteinert – als ein massiver Block, als ein steinernes Monument. Es handelt sich also um eine versammelte, archivierte Asche, die aus ihrer Verstreuung – ihrer Diaspora – an einen Ort gebracht wurde, an dem sie wieder eine geschlossene Form bilden kann.

Aber diese neue monumentale Form, die die Asche dank der archivierenden Sammlung annimmt, steht in keinem nachvollziehbaren, mimetischen

Verhältnis zu den Dingen, deren Verbrennung diese Asche entstammt. Die Asche behält die visuelle Erinnerung an die verbrannten Dinge und organischen Körper nicht – im Unterschied zum „natürlichen" Vorgang der Verwesung oder Verrottung, der auf allen Stufen der Transformation, Entstellung, Reduktion und Auflösung, die von diesem Vorgang produziert werden, einen mimetischen Bezug zur ursprünglichen Form bewahrt. Die Einäscherung eines Dings oder eines Körpers bedeutet zugleich einen radikalen Übergang ins Nicht-Mimetische, Abstrakte, Gegenstandslose. Wenn die Asche einer eingeäscherten menschlichen Leiche, wie es üblich ist, in einer Urne aufbewahrt wird, unterstreicht die traditionelle, klassizistische Form der Urne durch ihre betonte Künstlichkeit und Konventionalität den radikalen Bruch mit der ursprünglichen Form des menschlichen Körpers. Rebecca Horn thematisiert in ihrer Installation diesen radikalen Verlust der ursprünglichen, organischen Form, indem sie die Asche en bloc zeigt und die klassizistische Urne durch streng geometrische, minimalistische Formen ersetzt, die auf einen radikalen Bruch mit allem Mimetischen verweisen, den die Avantgarde dieses Jahrhunderts mittels der Verwendung der geometrischen Abstraktion vollzogen hat.

Zudem verlieren sich in diesem Archiv der Asche nicht nur alle mimetischen Ähnlichkeiten, sondern auch alle materiellen Spuren der einzelnen verbrannten Gegenstände. Die gesammelte Asche bildet eine undifferenzierte Masse, in der man die „individuelle" Asche, die von der Verbrennung der einzelnen Gegenständen übriggeblieben sein mag, nicht mehr identifizieren kann. Die Aschen vermischen sich. Die Grenzen der einzelnen Körper und Dinge verschwinden. Durch diese Entgrenzung der Körper löst sich alles Individuelle, Begrenzte, Isolierte auf – und verstreut sich. Der Gegensatz zwischen dem einzelnen Ding und seiner Umgebung hört auf, das Schicksal dieses Dings zu bestimmen. Diese Entgrenzung aller Dinge in der Asche verweist plötzlich auf die älteste – und zugleich auf die modernste – aller Utopien, die sowohl die politische als auch die künstlerische Imagination der Menschheit seit Jahrtausenden beherrscht. Es handelt sich um das Heraustreten aus der ontologisch bedingten Isolation des Einzelnen – um Vereinigung und Vermischung mit dem Ganzen. Im kalten Kollektivismus der Asche gelingt die Realisierung dieser Utopie offensichtlich viel besser als in den vielbesungenen ekstatischen Vereinigungen der Lebenden.

Ein solcher postromantischer und zugleich postmortaler Kollektivismus wurde freilich schon einige Male thematisiert und sogar ästhetisiert. So wird Ernst Jünger vom Anblick einer Masse aus menschlichen Leichen fasziniert, die auf den Schlachtfeldern des Ersten Weltkrieges kollektiv verwesen – im Unterschied zum üblichen Vorgang der individuellen Verwesung im eigenen Grab: „Alle Geheimnisse des Grabes lagen offen in einer Scheußlichkeit, vor der die tollsten Träume verblichen."[1] Die gemeinsame Verwesung auf dem Kriegsfeld verbindet all diejenigen, die im Leben unweigerlich getrennt bleiben mußten. Diesen Kollektivismus des Todes, der vom Krieg gestiftet wird, beschreibt Roger Caillois später – und unter Verweis auf Ernst Jünger – als Fest, das die alte Welt der Trennungen, Grenzen und Isolationen vernichtet, um aus der Erfahrung der radikalen Entgrenzung eine neue, lebendigere Ära entstehen zu lassen.[2] Die kollektive Verwesung der Leichen, die Jünger und Caillois feiern, wird also immer noch in den allgemeinen Lebensprozeß einbezogen. Einer alten Metapher entsprechend, welche die Imagination aller landwirtschaftlich geprägten Völker beherrscht, muß die verwesende Leiche als Samen unter die Erde gebracht werden, damit neues Leben aus ihr entspringen kann. Im Unterschied dazu manifestiert die gesammelte Asche aber vor allem ihre radikale Anorganizität. Die Asche verweist also auf den Freudschen Todestrieb, wie er in „Jenseits des Lustprinzips" beschrieben wurde – als eine Sehnsucht nach Rückkehr zum mineralischen, anorganischen, verstreuten Zustand, der jedem Leben vorausgeht, vor allem aber jedes individuelle Leben endgültig auslöscht und jede Erinnerung an es unmöglich macht. Die Asche ist also alles andere als landwirtschaftlich produktiv – und damit alles andere als optimistisch. Sie markiert die Aufgabe aller Hoffnung auf Wiedergeburt. Aus der gesammelten, kollektivierten, archivierten Asche entsteht auch kein Phoenix, nicht einmal ein kollektiver Phoenix, denn das Feuer, dem diese Asche entstammt, ist kein kosmisches, sondern bloß ein technisch produziertes Feuer.[3]

Die unerbittliche Radikalität dieser Arbeit von Rebecca Horn wird sicherlich durch die unmittelbare Nachbarschaft der Installation zu Buchenwald diktiert – sowie durch die explizite Bezugnahme auf den Holocaust und die technologisch organisierte Einäscherung der menschlichen Körper, die zur Praxis des Holocausts gehörte. Sicherlich gibt es eine lange Tradition, sich mit der Problematik des Holocausts künstlerisch auseinanderzusetzen. Aber obwohl diese künstlerische Auseinandersetzung auf sehr verschiedenartige Weisen geführt wurde und zur Entstehung ästhetisch und konzeptuell sehr unterschiedlicher Werke geführt hat, kann man trotzdem behaupten, daß sich bei der absoluten Mehrzahl der entsprechenden Arbeiten der gleiche Wunsch ihrer Autoren erkennen läßt, der Arbeit der Vernichtung und Auslöschung, die durch den Holocaust geleistet wurde, eine Arbeit der Erinnerung und Wiederherstellung entgegenzusetzen. Das Denken über den Holocaust wird von zahlreichen und vielfältigen Versuchen geprägt, den erlittenen Verlust zu kompensieren, „wiedergutzumachen", die Erinnerung an die vernichtete und verschüttete Vergangenheit auszugraben und zu stabilisieren, die unterbrochene Tradition des Judentums und des „besseren" Deutschtums nachträglich zu reparieren – und an diese Tradition wieder fest anzuknüpfen. Deswegen findet man in den meisten künstlerischen Arbeiten, die dem Holocaust gewidmet sind, Fotografien, Inschriften oder Steine, die wie Grabsteine aussehen und damit die Hoffnung auf eine spätere Auferstehung wecken – alles Zeichen der institutionalisierten Erinnerung. Man sammelt Zeugnisse, Bilder, Texte, Videos, Filmmaterial und Tonbänder. Man baut virtuelle Synagogen im Netz, eröffnet Museen und Dokumentationszentren, die die vernichtete Vergangenheit symbolisch erlebbar und real verständlich machen sollen. Kurzum: man betreibt eine intensive Spurensuche.

Aber wie auch immer diese zahlreichen wissenschaftlichen und künstlerischen Bemühungen um Wiederherstellung der verbrannten Vergangenheit zu bewerten sind, muß man feststellen, daß Rebecca Horn in ihrer Ausstellung einen völlig anderen Weg wählt. Ihre Installation ist zwar auch ein Archiv. Aber es handelt sich, wie gesagt, nicht um ein Archiv des Erinnerns, sondern um ein Archiv des Vergessens – um eine Sammlung der verstreuten Asche, die keine spezifische, auf dem Weg einer besonderen Spurensuche gefundene, sondern irgendeine zufällig gesammelte, beliebige, radikal verstreute Asche ist. Das Ziel dieses Archivs der Asche besteht nicht darin, uns zu helfen, den historischen Bruch zu reparieren und die Kluft zu überbrücken, die uns vom Untergegangenen trennt, sondern im Gegenteil, die Unmöglichkeit einer solchen Anknüpfung an die verbrannte Vergangenheit zu demonstrieren. Die kompakte, zu Stein gewordene Asche, die hier gesammelt und ausgestellt wird, versperrt jeder Arbeit der Erinnerung ihren Weg. Und deswegen ist es nicht mehr relevant, wessen Asche da ausgestellt wird und woher sie stammt, denn die ganze gesammelte Asche bildet hier eine undurchdringliche Wand, die uns unwiderruflich von der Vergangenheit trennt. Die Wiederanknüpfung an die Vergangenheit muß scheitern. Die Arbeit der Erinnerung muß abgebrochen werden – sie kann nicht vorangehen, weil sich alle Formen und alle Spuren verstreut haben, die uns zur Vergangenheit führen könnten. Alle anderen Elemente der beiden Teile der Weimarer Installation bestätigen und verstärken diese Unmöglichkeit des Weitergehens – der Fortsetzung und Stabilisierung einer Geschichtsbewegung. Der Wagen auf den Eisenbahnschienen versucht zu fahren – aber er kommt nicht weiter. Die Bienen summen in der Höhe – aber sie können nicht in ihre Körbe zurückkehren. Es wird immer wieder der Anfang einer möglichen Bewegung inszeniert – aber jede Fortsetzung dieser Bewegung wird ständig blockiert und abgebrochen.

Die endgültige Vernichtung der historischen Vergangenheit durchs Feuer wurde übrigens in unserer Kultur nicht nur bedauert, sondern auch gefeiert – als eine Verbrennung der Brücken, die uns einen Rückzug ermöglichen und damit den Mut nehmen, in die Zukunft zu gehen. Die Faszination der endgültigen, irreparablen Vernichtung gehört durchaus zur Geistesverfassung des radikalen europäischen Progressismus. Schon Rousseau bewunderte die Verbrennung der Bibliothek von Alexandria, die den Weg für ein neues Schreiben freigemacht haben soll. Und ganz besonders gehört die Liebe zum unwiderruflichen Bruch mit der Vergangenheit zum psychologischen Bestand der radikalen künstlerischen Avantgarde, in deren Tradition auch das Werk von Rebecca Horn entstanden ist. Eine gute Illustration zu dieser Figur des unwiderruflichen Verlustes der Vergangenheit bietet der kleine Text von Malewitsch „Über das Museum" (1919), in dem der Autor der Frage nachgeht, ob wir die Zeugnisse unserer Vergangenheit erhalten oder vernichten sollen.[4]

Nach einigen rhetorischen Fragen wie: „Brauchen wir Rubens oder die Cheopspyramide? Hat der Pilot in den Höhen unseres neuen Verstehens die verderbte Venus nötig? Brauchen wir Tonkopien von alten Städten, getragen von griechischen Säulen?" kommt Malewitsch zu der entscheidenden Feststellung: „Das gegenwärtige Leben braucht nichts anderes, als das, was zu ihm gehört; und nur das, was auf seinen Schultern wächst, gehört zu ihm." Damit meint Malewitsch übrigens keineswegs nur einen rein symbolischen und ästhetischen Verzicht auf die Vergangenheit in der Kunst. So schreibt er: „Das Leben weiß, was es tut, und wenn es mit Macht zerstören will, dürfen wir uns nicht einmischen, da wir durch seine Behinderung den Pfad zu dem neuen Lebenskonzept blockieren, das in uns geboren wird. Durch Verbrennen eines Leichnams erhalten wir ein Gramm Asche, somit könnten Tausende von Friedhöfen auf dem Regal eines Chemikers Platz finden. Wir könnten den Konservativen ein Zugeständnis machen und ihnen anbieten, alle vergangenen Epochen zu verbrennen, da sie tot sind, und dann eine Apotheke aufmachen ... Der Zweck wird derselbe sein, selbst wenn die Menschen die Asche von Rubens und seiner ganzen Kunst untersuchen werden – es werden massenhaft Ideen in ihnen aufkeimen und oft lebendiger sein als die eigentlichen Bilder (und weniger Platz benötigen)."

Diese Ideen, die im Betrachter aufkeimen, wenn er die Asche der Bilder von Rubens betrachtet, sind für Malewitsch bestimmt nicht Erinnerungen an die verbrannte Vergangenheit, sondern vielmehr in die Zukunft gerichtete Ideen, die aus der Einsicht entstehen, daß eine Rückkehr zur Vergangenheit unmöglich geworden ist. Die Betrachtung der Asche, die uns den Weg zurück zum Ursprung versperrt, soll uns in die Zukunft orientieren – oder vielmehr zwingen. Die kleine Schrift von Malewitsch ist übrigens in der Zeit entstanden, in der die Begeisterung für die Krematorien gerade in der linken, fortschrittsorientierten Öffentlichkeit allgemein verbreitet war. Die Einäscherung galt als eine symbolische Absage an die von der Kirche versprochene Auferstehung vom Tode, die traditionell als Erhebung aus dem Grab vorgestellt wurde. Derjenige, der bereit war, der Zukunft Platz zu machen, mußte auch bereit sein, seine Leiche verbrennen und die Asche zerstreuen zu lassen. Viele linke Intellektuelle und insbesondere Marxisten haben ihre Testamente in diesem Sinne verfaßt. Besonders die Wahl zwischen Einbalsamierung und Einäscherung erwies sich als politisch relevant. Stalin und Mao ließen sich einbalsamieren. Trotzki und Deng haben die Einäscherung befürwortet. Der Glaube an das Versprechen der Auferstehung, die durch die Erhaltung des Körpers – egal ob im einbalsamierten oder verwesenden Zustand – gewährleistet wird, erwies sich übrigens mit der Zeit als kein bloßer Aberglaube. Der Fortschritt der modernen Genetik verspricht die Möglichkeit, den genetischen Code auch einer gründlich verwesenden Leiche zu rekonstruieren. Entsprechende Untersuchungen wurden beispielsweise vor kurzem an den exhumierten Überresten der russischen Zarenfamilie sowie an denjenigen Jeffersons durchgeführt. Man kann sich durchaus vorstellen, daß dank der Technik der Klonierung in der Zukunft der entschlüsselte genetische Code einer illustren Leiche zur Herstellung ihrer lebendigen Kopie verwendet werden könnte. Die vollständige Einäscherung vernichtet dagegen, zumindest soweit wir es jetzt beurteilen können, den genetischen Code – und macht damit die Wiederholung der Vergangenheit tatsächlich unmöglich.

Die Wahl zugunsten der Einäscherung ist also gleichbedeutend mit einer radikalen Absage an die Wiederbelebung – egal, ob sie religiös oder wissenschaftlich betrieben wird. Eine solche Absage wird durch den Verzicht auf die Erhaltung der alten Kunstwerke und der geschichtlichen Erinnerungen an die heroischen Taten der Vergangenheit zusätzlich verstärkt: Die Werke der Vergangenheit sollten genauso zur Asche werden wie die Leichen ihrer Autoren. Für die radikale Moderne, die die geschichtliche Bewegung (links)hegelianisch als Arbeit der Negation versteht, ist die Verbrennung der Vergangenheit, inklusive der Selbstverbrennung, der einzige Dienst, den ein Individuum der Geschichte erweisen kann. Diese hygienische, durchaus industrielle Art des Umgangs mit der Leiche faszinierte in den zehner und zwanziger Jahren die Öffentlichkeit zusätzlich auf einer rein ästhetischen Ebene. Im Moskau dieser Jahre, das sich als radikal fortschrittlich verstand, wurden gerade für Künstler und Dichter spezielle Vorführungen der Arbeitsweise der neu gebauten Krematorien organisiert – dabei konnte man sehen, in welcher Reihenfolge und auf welche Art unterschiedliche Körperteile verbrennen. Solche Vorführungen waren gerade in den Kreisen der künstlerischen Avantgarde besonders beliebt – man nahm Freunde und Geliebte zu solchen Vorführungen gerne mit. Besonders charakteristisch sind in diesem Zusammenhang Projekte der sekundären Utilitarisierung der Hitze, die bei der Leichenverbrennung entsteht, für Heizzwecke – besonders für die Heizung öffentlicher Einrichtungen. Allerdings wurden diese Projekte mit dem Verweis auf die technische Unvollkommenheit der damaligen russischen Krematorien abgelehnt – man meinte dabei übrigens, daß die besten Krematorien und Einäscherungsspezialisten allein in Deutschland zu finden seien und daß sich nicht nur die Russen, sondern auch andere europäische Völker in Sachen Kremation im Vergleich zu den Deutschen in einer sehr rückschrittlichen Phase befänden.[5]

Eine solche sowohl ethisch als auch ästhetisch motivierte Begeisterung für die Arbeit der Krematorien läßt sich in den Zeiten nach dem Holocaust sicherlich nicht ohne weiteres nachempfinden. Dabei wurde schon bemerkt, daß es einen spezifischen Antisemitismus der Avantgarde gibt, für den die Juden das Volk des alten Testaments und damit auch der Vergangenheit par excellence sind.[6] Man kann sogar behaupten, daß die Unterscheidung zwischen Altem und Neuem Testament als Vorbild für alle weiteren Unterscheidungen zwischen Altem und Neuem diente, die die europäische Menschheit im Laufe ihrer vom Christentum tief geprägten Geschichte getroffen hat. Die Aufklärung hat sich bekanntlich ebenfalls als Aufbruch zu einem neuen Zeitalter verstanden – und als eine Art neuen Testaments der Vernunft, das alles Alttestamentarische – im Sinne des religiös Überlieferten – annulliert. Nicht zufällig entsteht bei den Autoren der Aufklärung ein besonders virulenter Antisemitismus – ein Antisemitismus der Innovation und des Aufbruchs, der als radikaler Bruch mit der Tradition verstanden wird. Später kann man einen solchen Antisemitismus der Innovation bei vielen Autoren des linken Progressismus, inklusive Marx, finden. Und nicht weniger findet sich der Antisemitismus bei vielen Autoren der Avantgarde ausgeprägt – und zwar auch dann, wenn sie sich nicht so direkt, wie etwa Céline oder Ezra Pound, zu ihm bekannt haben.

Der Antisemitismus der Nazis war in vielem auch ein solcher Antisemitismus des neuen Anfangs – eines Anfangs, der keine Vergangenheit mehr haben und deswegen die Leiche der Vergangenheit verbrennen will. Die theosophischen Lehren über die Aufeinanderfolge der kosmischen Zeitalter, die sowohl in den Kreisen der Avantgarde als auch im Nazi-Milieu bekannt und einflußreich waren, haben den Juden bekanntlich einen älteren Ursprung zugewiesen als etwa den arischen Völkern. Der große Brand, mit dem der Anbruch eines neuen Zeitalters der arischen Rasse eingeleitet werden sollte, mußte demgemäß die älteren Rassen, und in erster Linie die Juden, notwendigerweise vernichten. Nicht zufällig wird die Judenvernichtung gemeinhin als Holocaust bezeichnet, der ursprünglich nichts anderes als ein gewaltiges sakrales Opfer bedeutet, mit dem ein neues Zeitalter eröffnet werden soll. Die Tatsache, daß dieser Name eine solche allgemeine und unwidersprochene Verbreitung im christlichen Kulturkreis erreichen konnte, zeigt, daß die okkulte, theosophische Bedeutung des Ereignisses, das mit diesem Wort bezeichnet wird, auch heute noch unser Verständnis des Geschehenen bestimmt.

Es bleibt nur die Frage, ob das Opfer angenommen wurde und der Wechsel der Zeitalter stattgefunden hat. Viele glauben, daß es sich hier um einen überzogenen Anspruch handelt und daß die Vergangenheit trotz aller Vernichtungen wiederbelebt werden kann – und suchen nach Ähnlichkeiten und Spuren, d. h. nach einem genetischen Code, der es erlauben würde, die Kontinuität der Geschichte wiederherzustellen. Das Archiv der Asche, das Rebecca Horn uns in ihrer Installation zeigt, läßt dagegen vermuten, daß die Vergangenheit endgültig und umwiderruflich vernichtet wurde und jede Rückkehr unmöglich geworden ist. Der Wechsel der Zeitalter hat stattgefunden. Nach diesem Wechsel ist es unmöglich geworden, an die Geschichte, an die kulturelle Tradition wieder anzuknüpfen: Sie hat sich entgrenzt und verstreut. Deswegen ist das Neue übrigens ebenfalls unmöglich geworden, denn das Neue entsteht aus dem Vergleich mit der Tradition. Das Neue kann nur dort entstehen, wo das Archiv der Kultur – das Alte Testament – intakt bleibt und als Kontext für die Bestimmung der Neuigkeit des Neuen dienen kann. Der Abbruch der Tradition schafft vielmehr die Welt des unendlichen Neu-Anfangs. In dieser Welt, in der alles, was war, vergessen wurde, bleibt nur die Möglichkeit eines in die Zukunft gerichteten Projekts übrig, das allerdings niemals zum Abschluß gebracht und realisiert werden kann, weil die Kriterien des Erfolgs fehlen, die ebenfalls einen Vergleich mit dem Alten vorraussetzen.

Es bleibt allein die ewige Wiederkehr des Neu-Anfangs möglich, der irgendwann ohne ersichtlichen Grund abgebrochen wird, um dann wieder und wieder neu zu starten. Wenn Adorno sagt, daß man keine Gedichte nach

Auschwitz schreiben kann, dann handelt es sich offensichtlich keineswegs um ein Gebot der Moral, sondern um eine Tatsachenfeststellung: Nach der stattgefundenen Zeitwende gibt es keine Tradition, kein Publikum, keine adäquate Rezeption mehr, die es erlauben würden, die Gedichte bis zum Ende zu schreiben. Aber das hindert einen sicherlich nicht daran, das Gedicht immer wieder anzufangen. Camus, der seinen Text über Sisyphus bald nach dem Krieg geschrieben hat, hat diese neue Lage des ewigen Neu-Anfangs adäquat beschrieben. In einem gewissen Sinne bleibt seine Analyse bis zum heutigen Tag gültig. Der Holocaust ist sicherlich nicht die primäre Ursache dieser Lage, aber er ist ihr untrügliches Zeichen. Denn der Holocaust ist, wie ich zu zeigen versucht habe, kein Ereignis außerhalb der Kunst, der mit den Mitteln der Kunst symbolisch überwunden werden könnte, sondern er ist mit dem Schicksal der Kunst selbst innerlich verwandt. Die einzige Möglichkeit, an den Holocaust zu erinnern, besteht darin, an das Vergessen zu erinnern, das uns vom Holocaust unwiderruflich trennt – an die Asche, die uns den Weg der Erinnerung versperrt, weil dieser Weg selbst zur Asche geworden ist und sich verstreut hat. Der Weg zurück ist verbrannt. Und die Installation von Rebecca Horn zeigt uns das Archiv der Asche, die die Verstreuung dieses Wegs bezeugt.

[1] Ernst Jünger, „Der Kampf als inneres Erlebnis", in: Ernst Jünger, *Sämtliche Werke,* Stuttgart 1980, S. 22

[2] Roger Caillois, *Der Mensch und das Heilige,* München 1988, S. 220ff.

[3] Derrida spricht ebenfalls über „rébellion contre Fénix", in: Jacques Derrida, *feu la cendre,* Paris 1987, S. 43

[4] Kazimir Malevic, „O Muzee", in: Kazimir Malevic, *Sobranije socinenij,* Moskau 1995, S. 132ff.

[5] Eine kurze Kulturgeschichte der Krematorien in Rußland, in: Semjon Michajlovskij, „Krematorij zdravomyslija", in: Chudozestvennyj zurnal, No. 19–20, Moskau 1998, S. 12ff.

[6] Zum Verhältnis zwischen Avantgarde und Antisemitismus: Philippe Muray, „Das Jahrhundert Célines", in: Schreibheft, Nr. 26, Essen 1985

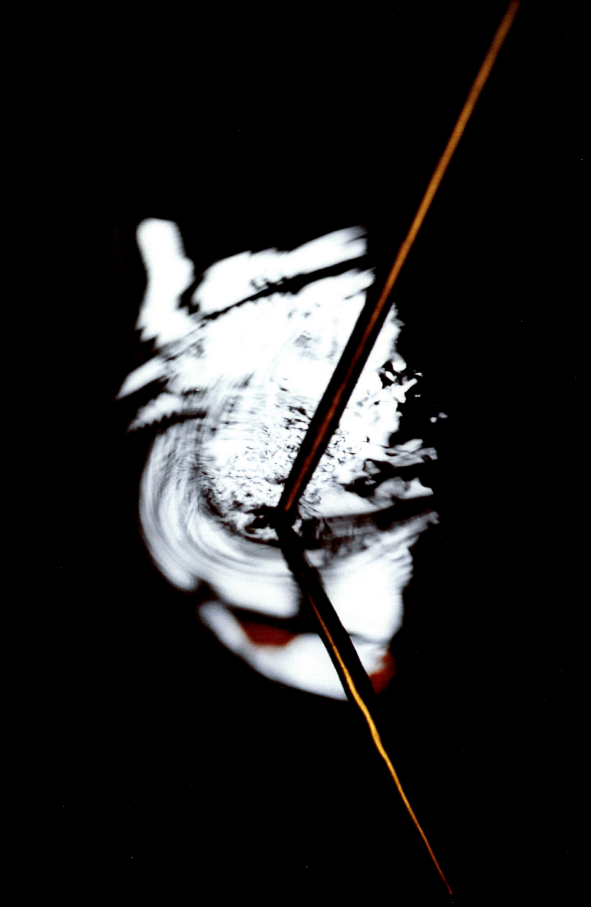

DORIS VON DRATHEN

Die Uhr der Revolte

Als Jakob in den Kleidern seines Bruders zum Vater geht, um sich den Erstgeborenen Segen zu erschleichen, riecht der blinde Isaac an der Felljacke, läßt sich irreleiten und gibt Jakob den Segensspruch. Es sagt aber ein Kommentar im Talmud, das Wort Kleider, „begadav", könne auch als „bogdav" gelesen werden, was Rebellen bedeutet. Dieser doppelte Wortsinn jedoch hätte eine gewaltige Perspektivenverschiebung zur Folge: heißt es doch nichts weniger, als daß Jakob in dem Moment, als er die fremden Kleider anlegte, schon all diejenigen Rebellen mit sich trug, die sich in seiner Nachfahrenschaft gegen das Gesetz auflehnen würden. Sein Handeln wäre dann also nicht nur eingeschrieben in eine festumrissene Gegenwart, sondern würde weit über das eigentliche Handeln hinausgehen, wäre Teil eines Handelns, das sich sogar nach seiner Zeit erst real erfüllt. Von dieser Text-Exegese kommt der Philosoph und Talmudgelehrte Emmanuel Lévinas zu dem Schluß: „Ich kann verantwortlich sein, für das, was ich nicht begangen habe, und ein Elend auf mich nehmen, das nicht das meine ist."[1]

Bildnerisches Benennen

Wenn Rebecca Horn in ihren Arbeiten politische Verantwortung formuliert, dann arbeitet sie mit einem geschichtlichen Bewußtsein, das mit größter Selbstverständlichkeit enge Zeitgrenzen zwischen Vergangenheit und Gegenwart durchbricht. Gleichzeitig aber schreibt sie ihre Arbeiten ein in eine andere Präzision: sie nennt mit ihren Bildern die Abgründe der sogenannten jüngsten Geschichte beim Namen. Die umgekehrte Haltung hat im Umgang mit Ge-

Spiegel der Nacht (Detail), Synagoge Stommeln 1998

schichte um sich gegriffen: Da wird die Gegenwart deutlich von der Vergangenheit getrennt, als wäre das beruhigend; da wird von einer Generation gesprochen, die „nachgeboren" sei, als wäre damit die Vergangenheit bewältigt, und schließlich wird die Biopolitik Hitlers nicht mehr benannt. An die Stelle von Völker- oder Massenmord an den Juden treten euphemistische und obendrein biblische Verschleierungen wie Shoa (eigentlich: Katastrophe als Gottestrafe) oder Holocaust (eigentlich: sakrales Brandopfer); oftmals wird die Extermination gar mit Worten wie „das Unsagbare", „das Unbenennbare", „das Unbegreifliche" mystifiziert und damit absurderweise in die Reihe von Gottesbegriffen gestellt.[2]

Rebecca Horn bezeichnet in ihrer Weimarer Arbeit, *Konzert für Buchenwald,* 1999, den Abgrund des Genozids in seiner unmittelbaren Banalität – mit Part 1 schafft sie ein Bild für die Todesfabrik[3], in der das Recht auf einen individuellen Tod ausgelöscht war: Aschewände stehen auf, zwanzig Meter lang, viereinhalb Meter hoch. Wer den Raum betritt, verstummt. In diesem ehemaligen Straßenbahndepot mitten in der Stadt ist etwas angesprochen, was bei den vielen Gedenkstätten landauf, landab anscheinend immer vergessen wird – sich einfach einmal vor den Toten zu verneigen; wäre es in der christlichen Kultur nicht denkbar zu fragen, warum für sie nie gebetet wird?

Die Ascheschichten treten aus der Horizontalen in die Vertikale, oder – so könnte man sagen – der Besucher steht in einem Raum, der wie ein Schacht das Eindringen in die Schichten möglich macht, eine Maulwurfsperspektive öffnet. Diese Wände geben mehr als ein Bild, sie materialisieren eine Realität, nämlich den doppelten Tod – die leibliche Ermordung und die individuelle Auslöschung. Gleichzeitig sind in der gleichen unkodierten Bildsprache zerbrochene Geigen und Gitarren aufgehäuft. Mit diesen verstummten, herrenlosen Instrumenten ragt die Vergangenheit unmittelbar in die Gegenwart; sie erinnern an die Berge von Brillen, Schuhen, Kleidern, die in den KZs zurückblieben, an die Horden verlassener Hunde, von denen Augenzeugen berichtet haben. Die zerrissenen Saiten, die zersplitterten Bögen sind nicht nur Gegenstände, die wie Zeugen die Wirklichkeit heraufbeschwören, die Instrumente haben in der Arbeit von Rebecca Horn auch ihre eigene Geschichte: In vielen ihrer Installationen krächzt, seufzt irgendwo unter der Decke eine Geige, wenn sie nicht, was auch vorkommen kann, Trauer trägt. Sie sind deutlich in die Nähe menschlicher Präsenz gerückt. Und wenn diese Instrumente, die sich schon immer besonders eigneten, mit auf die Flucht zu gehen, hier stumm und zerstört auf einem verrosteten Fördergleis gestapelt sind, dann kommt ihnen die gleiche Zeugenkraft wie den Aschewänden zu. Zwischen diesem Stapel und der Wand fährt eine Lore aus dem Konzentrationslager, das die Nationalsozialisten ganz im Stil deutscher Naturlyrik und nach den umliegenden Hügeln „Buchenwald" genannt hatten, auf einem Schienengleis hin und her. Wie wahnsinnig geworden, oder wie eine Maschine, deren Räderwerk einen Defekt hat, wiederholt der alte Förderwagen immer dieselbe Bewegung, als könnte er nie wieder damit aufhören: Der Wagen setzt sich in Gang, stößt gegen die Wand, wo im selben Augenblick eine kleine Flamme an der geschwärzten Wand emporzuckt – und rollt ratternd wieder zurück, stößt am gegenüberliegenden Ende gegen die Instrumente und setzt sich mit ächzendem Quietschen erneut in Bewegung. Die blitzartigen Flammen aber, die beim Aufschlagen der Lore die Wand hinaufklettern, nennt Rebecca Horn „Jakobsleiter", und zwar mit dem technischen Begriff aus der Physik, auch wenn hier eine Konnotation mit Seelen und Engeln naheliegen könnte.

Solche Bilder zu wagen, ist eine Gratwanderung. Rebecca Horn versteckt sich nicht hinter ästhetischen Konventionen von Zitaten und Passe-partout-Metaphern. Sie schafft eine authentische Bildsprache, die sich aus eigener emotionaler Erfahrung nährt und immer wieder neu ereignet im Erleben des Zuschauers. Denn mehr noch als Bilder setzt sie so etwas wie konkrete bezeugende Zeichen. Eigentlicher Zeuge aber wird der Zuschauer selbst in diesem großen Raum des ehemaligen Weimarer Straßenbahndepots, denn er spiegelt sich in der Verglasung der Aschewände. Auf diese Weise blickt ihm aus den Schichten der Geschichte sein eigenes Konterfei entgegen – es gibt kein Entrinnen.

Als wäre diese rückwärtige Verantwortung, dieses Angesprochensein aber auch in die Zukunft gedacht, so dreht und kreist das reflektierte Porträt des Zuschauers in labilen runden Spiegeln, die auf dem Boden schwanken in einer zweiten Weimarer Installation, die – auch wenn es zunächst nicht so scheint – das Pendant, oder Part 2, zur ersten ist. Ins Bild gesetzt ist eine

Vision, die inzwischen von Realität und Aktualität auf brutale Weise eingeholt wurde: Als entsprechende Energie zur Arbeit der Maulwürfe, sich unten in der Stadt in die Ablagerungen der Zeit ihre horizontalen Tunnel zu graben, ist im hochgelegenen Schloß Ettersburg gegenüber dem Berg von „Buchenwald" das laute Summen von panischen Bienen zu hören, die, so könnte man meinen, ihre Waben in höchster Not umkreisen. Das System der Erdtunnel steht hier also dem System der horizontalen Flugbahnen gegenüber. Und so erklärt sich der Obertitel der Arbeit: „Die Stämme der Bienen unterwandern die Maulwurfsarbeit der Zeit".

Zwanzig Bienenkörbe – das entspricht einer Kolonie – hängen von der Decke. Sie sind leer und haben keinen Boden. Das laute, obsessive Summen macht die Abwesenheit der Bienen um so spürbarer. Statt mit Honig sind die Körbe mit goldenem Licht gefüllt, das am Boden von künstlichen Inseln, runden sich drehenden Spiegeln, reflektiert wird, dort keinen Halt findet und ruhelos über die Wände des Raumes huscht. In regelmäßigen Abständen aber stürzt ein Pflasterstein, der an einem Seil befestigt ist, von der Decke auf einen dieser trügerischen Böden zu und zertrümmert knirschend und krachend auch noch die letzten Splitter. Damit ist dem Raum ein unerbittlicher Rhythmus gegeben, als wäre eine Schreckenszählmaschine dort am Werk. In einem ihrer gedichtartigen Texte, die viele ihrer Arbeiten begleiten, schreibt Rebecca Horn von „Irrenden", die eine „Fluchtachse" zu spannen suchen.[4] Während Rebecca Horn *Bees' Planetary Map* (Planetenkarte der Bienen) entwarf, die gewissermaßen als Vorstudie für Weimar 1998 in New York realisiert wurde und zunächst Arbeitstitel für die Installation auf dem Ettersberg war, hatte sie eher allgemein das Phänomen von Völkerwanderungen und Fluchtbewegungen vor Augen. Auch wenn sie damals im deutlichen Bewußtsein arbeitete, daß diese Bewegungen noch zunehmen würden, entstand das Konzept lange vor den Ereignissen auf dem Balkan. Heute erweist sich das Bild als eine Vision, die vom Genozid und den Deportationen im Kosovo grauenvoll eingeholt wurde. Einerseits hat also die Arbeit in Weimar diese zukunfts- und gegenwartsgerichtete Ebene, andererseits – und das unterstreicht ein Element in einem kleinen Nebenraum – bezieht die Installation auf Schloß Ettersburg aber auch die Vergangenheit mit ein: Vor dem Fenster, das auf den Berg des ehemaligen

Konzentrationslagers blickt, weist ein kleiner Stock die Richtung. Es ist ein alter chinesischer Stab, der mit Gewichten behangen als Waage diente; ein Fakt, der unwillkürlich an den alten Menetekelspruch „meneh tekel u pharsim" – „Er hat gezählt, gewogen, zerteilt", oder „Gewogen und zu leicht befunden" – erinnert. Hier allerdings ist der Wiegestab wie ein Taktstock eingesetzt: in Schulterhöhe montiert auf einen Stift. Wie ein Metronom schlägt er leise aus, jedem Besucher den Platz an seinem imaginären Podest anbietend. In seiner Beiläufigkeit liegt etwas Bedrohliches, so als würde es Unheil bringen, ihn zu übersehen. Dirigiert der Taktstock die Landschaft von Buchenwald vor dem Fenster oder ein Cello im Raum, das mit zwei Bögen sich selbst umarmend hinter ihm spielt? Oder schreibt er den Rhythmus für etwas, was vergangen und zukünftig zugleich ist? Deutlich ist jedenfalls eine Janusköpfigkeit formuliert, die im Werk von Rebecca Horn eine entscheidende Rolle spielt und als wiederkehrende Vokabel in dem Motiv der sich auf einem anderen Stab montierten, drehenden Ferngläser vorkommt.

Während der Taktstock den Blick nach außen lenkt, hatten aber die spiegelnden Inselböden immer wieder und jedes Mal neu nicht nur das Licht aus den Bienenkörben aufgefangen, sondern auch das Porträt des Zuschauers. Die suchenden Lichtkegel vermischten sich mit dem Konterfei eines jeden – jeder einzelne war angesprochen auch in der Suche nach einem, seinem Zentrum. Wie in so vielen Arbeiten von Rebecca Horn gelangt der Zuschauer nach langem Beobachten schließlich bei sich selbst an. Die eigentliche Rebellion dieser Arbeiten ist immer wieder auch dies: eine Revolte in ihrem ganz ursprünglichen Wortsinn. Indem immer wieder die Gegenwart des Zuschauers, der sich selbst begegnet, zum Thema und Bestandteil der Arbeit wird, ist Revolte hier nicht nur als Auflehnen gegen die Geschichte oder bestehendes Unrecht formuliert, sondern auch und vor allen Dingen als eine Umkehr und Rückkehr, als ein Selbstverständnis, das fordert, in seine eigene Mitte einzukehren. So könnten die eingangs zitierten fremden Kleider Jakobs, „die Rebellen am eigenen Leib", verstanden werden: Während der Zuschauer die fremden Zeichen von Rebecca Horn annimmt, die fremde Erinnerung also auf sich nimmt, mag er sich eine Rebellion überziehen, die noch nicht, oder nicht mehr, seine eigene ist, in die er aber eintaucht, um sich damit nach sich selbst umzudrehen – „Je me révolte, donc nous sommes à venir"[5] – ich kehre um, also sind wir im Werden.

Beide Themenkreise aber, das Einzelschicksal in einer unaufhörlichen Suche nach einem Mittelpunkt und das Drama eines Volkes, das seine Wurzeln verliert, dessen Mitte zerstört ist, greifen in dieser Arbeit ineinander und mögen denken lassen an das, was Saul Friedländer in seiner Autobiographie schreibt: „Die Unsicherheit gehört vielleicht zu unserer Seinsweise, und sie hat im Guten wie im Bösen aus uns das gemacht, was wir sind. Manchmal, wenn ich an unsere Geschichte denke, nicht die jüngst vergangenen Jahre, sondern an ihren gesamten Verlauf, dann sehe ich, wie sich ein unaufhörliches Pendeln abzeichnet, eine Suche nach Verwurzelung, nach Gewohnheiten und Sicherheit, die immer wieder, durch die Jahrhunderte hindurch, erschüttert wird; und ich frage mich, ob der jüdische Staat selbst nicht vielleicht nur eine Etappe auf dem Weg eines Volkes ist, das in seinem spezifischen Schicksal, in seiner unaufhörlichen Suche, seinem Zögern und Neuanfang, ein Symbol für die gesamte Menschheit ist."[6] Das Universale aus dem Individuellen zu begreifen, das macht die Zeichen von Rebecca Horn zu neugeschaffenen, archetypischen Bildern, die ohne Umwege über akademische Zitate den Betrachter berühren.

Im Dorf Stommeln, unweit von Köln, steht eine Synagoge, eine der wenigen in Deutschland, die nach dem Massenmord und den Zerstörungen jüdischen Kulturguts erhalten blieben. Beinahe ein Wunder: Ein Bauer hatte den kleinen quadratischen Bau, der an seinen Hof grenzte, während der Pogrome zu seiner Scheune gemacht. Nur der sechszackige Stern im Fenster erinnerte noch an die alte Funktion. Als die Nazis kamen und die Synagoge niederbrennen wollten, verteidigte der Bauer das Gebäude, meinte damit aber nicht etwa das Bethaus, sondern seine Scheune. Vor einigen Jahren erst wurde der Bau, der in zweiter Häuserreihe steht, entdeckt und instandgesetzt. Auch wenn niemand die Gemeinde zurückrufen kann. Der Raum ist still und leer.

Rebecca Horn hat 1998 an diesem Ort ein Bild geschaffen, das in universaler Weise jüdisch-christliche Traditionen verbindet und gleichzeitig über beide hinausgeht. Wieder aber setzt sie ihr Zeichen nicht etwa als eine Über-

tragung von akademischen Gedankengängen, sondern als ein verdichtendes Kunstwollen, dessen Sinnfälligkeit gerade die Genialität dieses Werks ausmacht: Mit ihrer Arbeit *Spiegel der Nacht* geht es eigentlich um eine Ortsgründung. Eine fünf Meter lange goldene Nadel, die in der ganzen Höhe durch den Mittelpunkt der Synagoge, den Altarraum, hindurchfährt, ist lesbar als eine Art Achse. Damit wäre ein Zeichen gegeben für das, was eine der ganz ursprünglichen Bestimmungen eines Weltzentrums war: ein Himmel und Erde verbindender Stab, eine „axis mundi". Die Nadel ist zwar in der Decke fixiert, durch ihr Material aber erscheint diese goldene Achse paradoxerweise nicht fixiert, sondern fließt mit der immaterialen Leichtigkeit eines Lichtstrahls. In rhythmischen Abständen setzt sie sich in Bewegung. Ganz leicht berührt die Nadel eine spiegelglatte Wasseroberfläche. Es ist ein schwarzes Bad, das die Form eines großen aufgeschlagenen Buches hat. Zitternd, zuckend schreibt die Nadel von links nach rechts und von rechts nach links Zeichen, alle Zeichen, und stört den Wasserspiegel. Als würde der Griffel die Wasserhaut verletzen, ritzt er seine Zeichen ein, läßt das Wasser gleichsam bluten; die Linien verschwimmen, verzweigen sich wie Nervenverästelungen. Wenn der Griffel stockt, glättet sich die Oberfläche für einen Moment. Dann liegt immer wieder ein großer schwarzer abgrundtiefer Spiegel da, der an eine Finsternis denken läßt, wie Buber sie einmal beschrieben hat: „Aber eine Nacht kommt, da steht eine Weltenwand vor der Seele auf und deckt ihr Bahn und Blick. (…) Der Weg entschwindet. Ein Finger hat das Licht aller Sterne und die Verheißung aller Himmel ausgelöscht. Wo der entschwundene Weg war, reckt sich eine dunkle Wand in die Nacht."[7] In dieser Finsternis hat der schreibende Blitzstrahl etwas Rettendes. Nicht nur ist es, als könnte seine Bewegung auf dem schwarzen Wasser wieder das Aufleuchten der Sterne entfachen. Das geduldige Schreiben der Zeichen erinnert an ein Weben gegen das Vergessen, so als würde hier etwas ins Bild gesetzt, von dem Celan spricht: „Heimgeführt Silbe um Silbe, verteilt / auf die tagblinden Würfel (…)"[8] Das große Schreiben von links nach rechts und von rechts nach links läßt nichts, niemanden aus, so als würde im Fließen, im Schreiben und Verlöschen, im erneuten Schreiben, wie in der Atembewegung des Meeres, alles erfaßt werden können.

Das Buch ist dabei tatsächlich so etwas wie ein Heim, ein „macom", jenes innerste, unveräußerliche Haus, das jeder gläubige Jude in sich trägt. Rebecca Horn rührt mit ihrem „offenen Buch" an eines der größten Geheimnisse jüdischer Mystik, wenn sie nämlich das geschriebene Zeichen zum Element ihrer Ortsbestimmung macht: „Je suis dans le livre. Le livre est mon univers, mon pays, mon toit, et mon énigme. Le livre est ma respiration et mon repos"[9], so heißt es bei Edmond Jabès. Die Gleichung zwischen dem „macom" und dem Buch erfährt aber noch eine weitere Dimension in der ständigen Bewegung des auftauchenden, verlöschenden und wieder neuauftauchenden Zeichens. Auch hier – so scheint es – evoziert die Skulptur von Rebecca Horn eine alte Regel der jüdischen Tradition: Die Talmudgelehrten mißtrauen dem geschriebenen Wort, denn damit ist das Wort eigentlich tot. Überlieferung muß atmen, von Mund zu Mund, von Ohr zu Ohr muß sie getragen werden, so wie Buber das etwa beschreibt, wenn er von der chassidischen Legende spricht: „Nicht im Schatten uralter Haine und nicht an silbergrünen Olivenhängen erwuchs sie, in engen Gassen und dumpfen Kammern ging sie von ungelenken Lippen zu bange lauschenden Ohren, ein Stammeln gebar sie und ein Stammeln trug sie weiter – von Geschlecht zu Geschlecht."[10] In einer Ecke ist eine Geige montiert, auf der in immer gleichen Abständen ein Bogen die immer gleichen, langgezogenen Töne streicht. Es scheint, als würde jenes Stammeln, von dem Buber spricht, in dieser seufzenden Stimme der Violine widerhallen, oder als würde jenes Instrument, das von jeher als leicht transportables Instrument zur jüdischen Kultur gehört, die Stimmen der einstigen monoton sich wiederholenden lauten Gebete heraufbeschwören.

Dadurch aber, daß die Zeichen eigentlich nur im Moment des Schreibens selbst existieren, beinahe wie das gesprochene Wort mit einem Atemzug auftauchen und verstummen, werden die Zeichen lebendig gehalten. Das erinnert an die paradoxe Vorstellung von einem Verlöschen, das festhält und vor dem Vergessen rettet, von einem Vergessen, das die Erinnerung bewahrt – „heimgeführt ins Vergessen"[11] sagt ein Vers von Celan –, als würde im Verlöschen der Zeichen die größte Wahrheit liegen. Davon zeugt die alte kabbalistische Legende, die erzählt: „Am Ende des Weges aber lag ein großer Stein, darauf saß Jemand, der war sehr alt. Er hatte einen Stock in der Hand und ritzte mit der Spitze Zeichen in den Sand zu seinen Füßen. Der Rabbi jedoch beugte sich zu Ihm, der da schrieb, und fragte: Was macht Ihr da, Alter? Der antwortete ihm, ohne von seiner Arbeit aufzuschauen und ohne sie zu unterbrechen: Siehst du nicht, daß ich das siebenmalversiegelte Buch schreibe, das Buch des Lebens? – Aber warum, fragte der Rabbi, schreibt Ihr es in den Sand, ein Wind wird kommen, und alles auslöschen. – Das ist ja gerade, antwortete der Alte, das Geheimnis des Buches." Mit all diesen Konnotationen jüdischer Traditionen verbinden sich aber eben auch christliche, wie möglicherweise der Gedanke einer heilenden, rettenden Ortsgründung, oder der von dem Eigentlichen, von der überlebenden Substanz. Wer sich aber zum neugierigen Lesen der Zeichen über den Rand des schwarzen Bades beugt, wird wieder seinem Konterfei begegnen – im Spiegel mit sich selbst erlebt der Besucher die wirkliche, vergegenwärtigte Umwandlung dieses Ortes.

Wie ein Echo erinnert *Spiegel der Nacht* an eine andere Arbeit: In New York hatte Rebecca Horn 1984 schon mit dem verletzten Wasserspiegel gearbeitet. Über einem 30 x 420 x 220 Zentimeter großen schwarzen Bad schwingt ein drei Meter langes Stahlpendel, das die Wasseroberfläche in vibrierende Bewegung versetzt. Diese stete Wiederholung hat etwas Unausweichliches, so als zittere die Feder einer Uhr immer weiter oder als käme eine Bodenerschütterung nicht zum Stillstand. Im *Livre des Questions* notiert Jabès den Vers: „In einem Dorf Zentraleuropas haben die Nazis an einem Abend einige unserer Brüder bei lebendigem Leibe begraben. Der Boden hat noch lange mit ihnen in großer Wellenbewegung gebebt."[12] Auf diese Weise taucht der Gedanke auf von einer Geschichte, die eigenständig weiterlebt, wie Bergson es sagt, „(…) geben wir einen Augenblick zu, daß die Vergangenheit als aufgespeicherte Erinnerung im Gehirn weiterlebt. Dann wäre es nötig, daß das Gehirn, um die Erinnerung zu erhalten, zunächst einmal selbst erhalten bleibt. Nun nimmt aber das Gehirn (…) immer nur den gegenwärtigen Moment ein; es bildet mit der übrigen Welt einen ewig erneuerten Querschnitt des allgemeinen Werdens. Entweder wird man dann annehmen müssen, daß diese Welt durch ein wahres Wunder in jedem Moment der Dauer vergeht und wieder entsteht, oder aber man wird die Kontinuität der Existenz, die man dem Bewußtsein abspricht, auf sie übertragen und aus ihrer Vergangenheit eine Realität machen müssen, welche sich überdauert und sich in ihrer Gegenwart fortsetzt; man hat also nichts damit gewonnen, daß man die Erinnerung in der Materie verstaut hat, man sieht sich im Gegenteil dazu gezwungen, jenes unabhängige und vollständige Weiterleben der Vergangenheit (…) auf die Totalität der Zustände der materiellen Welt auszudehnen. Dieses Weiterleben an sich der Vergangenheit ist uns so schwierig zu begreifen, weil wir auf die Reihe der Erinnerungen in der Zeit jene Notwendigkeit des Enthaltens und des Enthaltenseins anwenden, welche nur für die Gesamtheit der momentanen im Raume wahrgenommenen Körper gilt. Die fundamentale Illusion besteht darin, daß wir die Gestalt der Momentquerschnitte, die wir an der Dauer vornehmen, auf die ablaufende Dauer selbst übertragen." [13]

Und deshalb ist jede Ortsgründung zwangsläufig immer eine Antwort auf diese Bodenwellen, die selbstverständlich universal sind, wie George Steiner schreibt: „Keine Gesellschaft kann an vorhergehenden Ereignissen vorbeigehen. (…) die unabdingbare Vergangenheit gehört zur Grammatik des Seins und muß sich dort durch eine Entscheidung des Intellekts oder des Herzens einschreiben. An der Geschichte Schwarzamerikas oder Israels kann man das deutlich sehen. Es gibt, so müßte man sagen, keine Kultur, kein individuelles Bewußtsein, das nicht vom Echo einer entfernten Katastrophe mitschwingen würde. Im ‚dunklen heiligen Wald' wurde eine falsche Wegbiegung eingeschlagen, und der Mensch war dadurch gezwungen, seine Existenz gegen den Strich zu erarbeiten, sozial und psychisch zu leiden und sich zu plagen." [14]

Aus dieser Logik wäre hier eine Arbeit miteinzubeziehen, die auf den ersten Blick ratlos macht: Fünf Türen stehen im offenen Rund. In ihrem Zentrum ist vertikal die große Zirkelnadel auf einem Stift montiert. Kreisend verletzt die Nadel die Türen an ihren Rahmen, schlitzt sie an, schneidet sozusagen eine Grenze durch sie hindurch; nach dem alten Motto, bis hierhin und nicht weiter, so zeichnet und bezeichnet der vertikale Zirkel seinen Freiraum. *Cutting through the Past,* 1993, heißt die Arbeit, die sich im Zusammenhang mit den anderen wie eine verteidigte Ortsgründung lesen könnte. Eine Äußerung von Rebecca Horn legt eine solche Sichtweise nahe: „Man lebt ständig in der Versuchung, sich zu verschwenden. Im Leben war die Versuchung so groß, daß ich mich konstant in eine Art selbstmörderische Verausgabung gestürzt habe, die ich nur ertragen konnte, indem ich mich immer wieder auf diesen Kreis der Zentrierung bezogen habe."¹⁵ In dem sehr persönlichen Bekenntnis aber reicht Rebecca Horn an eine universal gültige Einsicht, die Warburg in seinen Schriften zur Mnemosyne so formuliert: „Bewußtes Distanzschaffen zwischen sich und der Außenwelt darf man wohl als Grundakt menschlicher Zivilisation bezeichnen; wird dieser Zwischenraum das Substrat künstlicher Gestaltung, so sind die Vorbedingungen erfüllt, daß dieses Distanzbewußtsein zu einer sozialen Dauerfunktion werden kann."¹⁶

Und hier wird die Dimension der Bildzeichen von Rebecca Horn deutlich, die künstlerisch einerseits die Vergegenwärtigung einer unentrinnbaren Nähe schaffen und andererseits gerade durch das Zeichen die Distanz schaffen für einen ordnenden Besinnungsraum.

In manchen dieser Räume aber wird der Zuschauer zum Voyeur. 1997 in Münster gestaltet Rebecca Horn im Museum genau gegenüber des Doms eine Art Tatort, der an das Türenöffnen in Bartóks Oper *Blaubart* erinnert. Wenn dort Judith die letzte Tür aufstößt, starrt sie dahinter in eine große Nacht; Judiths Stille und die abgründige Verlorenheit in der Tonalität der Streicher lassen keinen Zweifel, um welche Nacht es sich handelt. Das Türöffnen aber gehört zu den archetypischen Bildern für das menschliche Suchen nach Welt- und Geschichtsorientierung, nach Horizontverschiebung.

Genau das wagt Rebecca Horn mit ihrer Raumkomposition *Les Délices des Evêques.* Vor Jahren ging es einmal in einem Gespräch um die Figur des Blaubart, der solange weitermordet, bis es einer schafft, den König umzubringen. In ihrer unverwechselbar freien Reflexions-Welt hatte Rebecca Horn erwidert: „Das Märchen ist falsch. Das ist doch eigentlich unlogisch. Blaubart müßte weiterleben; das ist für mich diese Urenergie, die immer wieder auftaucht, die nie ein Ende hat, wie die Alten das nannten, ‚das Rollen in den nächsten Krieg', eine Kugel, die trifft und gleichzeitig neue Energien freisetzt. Blaubart, der diese Vitalität und gleichzeitig die Sucht nach Zerstörung hat – diese Energie hat nie ein Ende, die lebt immer weiter."¹⁷

Wenn Rebecca Horn also die Tür öffnet zu den mörderischen *Délices des Evêques,* dann ist mit allen Mitteln eine ständig sich wiederholende Gegenwart ins Bild gesetzt. Nichts Rettendes ist in diesem Raum, kein Lichtblick, nur das krude Ereignis der Tat selbst, in unermüdlichem Pendel unentrinnbarer Vitalität, nie endender Wiederholung und in der beunruhigenden Austauschbarkeit von Spähern und Ausgespähten.

Die hohen Fenster des Raumes sind durch weiße Vorhänge von der Außenwelt abgeschirmt. Zwei Ferngläser balancieren auf dünnen langen Stäben in Augenhöhe. Sie stehen vor den Vorhangschlitzen, lassen den Zuschauer auf den benachbarten Dom und Bischofssitz schauen. Die Instrumente aber drehen und wenden sich, und konnte der Betrachter eben noch hindurchspähen, wird er im nächsten Moment selbst zum Ausspionierten; was auf Vergangenes gerichtet war, dreht sich auf Heutiges und Zukünftiges. Denn nur so, in dieser Janusköpfigkeit, hat Geschichtserfassung für Rebecca Horn einen Sinn.

An den Wänden und auf dem Fußboden ist Blut verspritzt. Quer durch den Raum schwingt ein Betstuhl, schwingt immer stärker und saust in mörderischem Bogen auf einen anderen Betstuhl zu, der an der Wand befestigt ist. An dessen Rückenlehne, über der Sitzfläche, also sozusagen in der Höhe des Solarplexus, wie Rebecca Horn sich ausdrückt, sind in der Horizontalen zwei feine Metallstäbe montiert, die sich „Angstfühlern"[18] gleich öffnen und schließen. Genau in dem Moment, und erst dann, wenn diese insektenhaften Taster sich öffnen, langsam und zitternd, zieht der andere, frei hängende Stuhl zurück, holt Schwung und schlägt aus – als wäre die mörderische Dynamik erst ausgelöst durch die zitternd sich öffnenden Sensoren, als bestünde zwischen „Täter" und „Opfer" ein geheimer Dialog. Nach der Dynamik des großen Schwungs – beinahe ist man versucht zu sagen, nach der „Tat" – schwingt der Stuhl langsam aus bis zum völligen Stillstand. Beim Gegenüber haben sich die Metallfühler geschlossen und sehen nun aus – wiederum in den Worten von Rebecca Horn – wie ein „Harnisch des Schutzes". Wie so oft in ihren Raumkompositionen wird dieser sich ständig wiederholende Ablauf begleitet von einer Geige, die hoch oben an der Wand rhythmisch immer wieder die gleichen Töne seufzt. Die Gleichförmigkeit dieser Maschinerie wird, ohne dabei aus dem Takt zu geraten, von einem Glockenseil gestört, das von der Decke aus durch die Länge des Raumes schlägt. Teil der Komposition ist aber auch eine Reihe von Betstühlen, die an der Wand entlang aufgestellt sind; die Zuschauer

gehören zum Bild, sind gegenwärtiger Bestandteil der Tötungsmechanik, die sich immer wieder neu vollzieht. Unausweichlich, fatal vollzieht sich die Mechanik, eine Art absurder Zeitraffer, deren Drama mit der Zeit, mit dem Schweigen und Vergessen sich glättet wie die ausschwingende Schaukel, die dann aber gerade aus dieser Glätte des Vergessens von Neuem losbricht. Die Schlagkraft des Glockenseils ist dem schmetternden Pflasterstein aus der Installation auf Schloß Ettersburg verwandt und scheint hier wie eine Zeitpeitsche zu agieren, die aus einem Vorgang der Geschichte das Ereignis selbst vergegenwärtigt. Oder beschwört das Schlagen jenen „leeren Raum zwischen den Zeiten" herauf? Jenen nicht meßbaren Moment, von dem Broch spricht, wenn er von dem „leeren Nichts" schreibt, „das plötzlich aufklafft, das Nichts, für das alles zu spät und alles zu früh kommt, der leere Nichts-Abgrund unter der Zeit und unter den Zeiten, den die Zeit ängstlich und haardünn, Augenblick für Augenblick aneinanderreihend, zu überbrücken trachtet, auf daß er, der steinern-versteinernde Abgrund, nicht sichtbar werde".[19]

Welcher Abgrund der Geschichte aber wird hier ins Bild gesetzt? In Weimar waren die historischen Fakten zumindest im Part 1 der Installation noch festumrissen. Mit *Les Délices des Evêques* ist der Klerus als unantastbare Institution zum Ortstermin gerufen, als könnten die Opfer, die Gefolterten und Gejagten zur Anklage auftreten: Die Verbrechen der Inquisition oder jüngere Grauen sind gleichermaßen evoziert – als wäre das ewige Licht, das an der Wand befestigt ist, ein ironisch-sarkastischer Hinweis auf dieses andere Verständnis von Zeitlosigkeit. Todesstrafe hatte die Inquisition angeordnet gegen alle, die fremdsprachige Bücher oder philosophische Schriften lasen; unter den Erlassen der Kirche mußten im Spanien des 15. Jahrhunderts die Bürger ihre „Reinblütigkeit" nachweisen, kein Jude, Marrane oder Maure durfte unter den Ahnen gewesen sein; bestraft wurde das Anzünden der Schabbatkerzen oder der Verzehr von koscherer Nahrung. Wie weit ist es von Spanien nach Münster, vom 15. ins 20. Jahrhundert? Als Goya zu Beginn des 19. Jahrhunderts am hohen Galgen gehängte Zivilisten quer durch den Bildraum einer Radierung schwingen ließ, war sein Gegner klar: Mit seinen Blättern des Zyklus *Desastres de la Guerra* erklärte er sich solidarisch mit dem Volksaufstand gegen die Willkürherrschaft der Krone und ihrer unberechenbaren Minister, also gegen Karl IV. und Godoy, und nahm gleichzeitig den Klerus ins Visier. Auf demselben schon angesprochenen Blatt[20] kommt ein Mönch den Gehängten mit frömmelnder Trostgeste entgegen, als handele es sich um eine Kreuzabnahme. Goyas Attacken gegen den Klerus waren so deutlich formuliert, daß sie in den Vorzeichnungen zu manchen Radierungen sogar unzweifelhaft identifiziert erschienen: Der Bischof, den er auf einem Blatt seiner *Desastres* einem Gaukler gleich auf einem Seil tanzen läßt, trägt auf einer Vorzeichnung die päpstliche Tiara und hat die Züge von Pius VII. Auf der eigentlichen Radierung[21] nimmt Goya diese zeitgeschichtlichen Hinweise zurück, behält nur noch die Bischofsgewänder und den Verkündigungsgestus, den er allerdings auf dem Seil zum zirkushaften Balanceakt parodiert. In *Les Délices des Evêques* gibt es so etwas wie einen Grundtenor, der an diese Blätter von Goya erinnert; allerdings hat Rebecca Horn beim Entwurf ihrer Installation an solche Bildtraditionen nicht gedacht, sondern wie so oft mit treffsicherer Intuition gearbeitet. Anders als Goya begreift sie in ihrem Geschichtsbewußtsein die Gegner, Täter oder Schuldigen nicht etwa in festumrissenen Personenbildern. Ihr geht es eher um die Thematisierung von institutionalisiertem, gesetzmäßigem Verbrechen, um eine Maschinerie des Tötens, um jene zerstörerische Energie, die immer wieder losbricht. Ihr Täterbild entspricht eher jenen Schuldigen, die, wie Habermas das einmal gesagt hat, „am Ausgang einer komplexen Geschehenskette operieren".[22] Rebecca Horn geht aber noch einen Schritt weiter – Opfer und Täter zerstören einander gegenseitig, das Opfer schlägt zurück: der „Gehängte" nimmt mörderisch Schwung. Das Gegenüber, das an eine richtende Position erinnern könnte, wird attackiert, beide sind in Blut getaucht – Blaubart, Macbeth? Die Raumpeitsche scheint Zeit und Raum zu raffen, Geschichte zu einem augenblicklichen Ereignis zu machen, die Tat selbst als eine große Anklage zu formulieren.

Und das genau ist das Neue und Einzigartige der Skulpturen, die Rebecca Horn schafft – ihre Bilder sind Ereignisse. In den Räumen, die sie als Gesamtheit komponiert, gelten andere Gesetze als architektonische. Ihr bildhauerisch-choreographischer Umgang mit Raum, ihre hohe bildnerische Intuition entsprechen auf überraschende Weise den Theorien von Gilles Deleuze, der zwischen aufgeteilten und offenen Räumen („espace strié" und „espace lisse") unterscheidet. Wenn man seinen Analysen folgt, begreift man die eigentliche Umwandlung, die Rebecca Horn kreiert, nämlich die Möglichkeit, Raum haptisch wahrzunehmen und nicht in meßbaren Dimensionen: Rebecca Horn gelingt es, ein geschlossenes Volumen aufzulösen in ein offenes, besetzt von „Objekt-Ereignissen", von „heccéités", wie Deleuze seinen „espace lisse" definiert, jenen Raum, der, wie die Wüste, etwa durch das Knirschen von rutschendem Sand, oder, wie die Antarktis, etwa durch das Krachen von berstendem Eis oder das Heulen des Windes erfahrbar wird. Rebecca Horn also geht über den optischen Eindruck hinaus, indem sie skulpturale Ereignisse schafft, die zur haptischen Substanz werden: In ihren Räumen wird die Linie zum Vektor, die Zeit zum Moment und der Ort zum Geschehnis. Die Technik ihrer kinetischen Skulpturen ist dabei an sich nicht wichtig – ihre Perfektion liegt darin, die Motoren unsichtbar zu machen; ihre Bewegung ist nicht das Thema, wesentlich ist vielmehr die Umwandlung der Objekte in gerichtete Energien, in Katalysatoren, die in ihrer fremden „Selbstheit", also in ihrem eigenständigen Auftreten als ein Ereignis, als ein „Da bin ich", einen räumlichen Dialog aufspannen. In dieses magnetische Raumfeld ist der Betrachter eingebunden. Im Dazwischen, im räumlichen Gefüge zwischen seiner Präsenz und dem Eigenleben der Skulpturen können sie sich erst ereignen. Sein Erleben hebelt die Räume erst aus den Angeln. Mit der Stuhlreihe in der Raumkomposition *Les Délices des Evêques,* mit den Ferngläsern in Augenhöhe ist die Beobachtung des Betrachters nicht nur räumlich mit formuliert, sondern auch als unbequeme Mitschuldigkeit zumindest Mitwisserschaft. Gewollt oder ungewollt wird der Kunstkonsument zum Akteur, ja vielleicht sogar zum Dirigenten einer Maschinerie, mit der er doch eigentlich nichts zu tun haben wollte.

Geschichtserfassen als Revolte

Im Werk Rebecca Horns taucht immer wieder eine Bildchiffre auf, die auf unmittelbare Weise das aus Seereisen bekannte Echolot in eine visuelle Sonde, in so etwas wie ein Spiegel-Lot zu übersetzen scheint. Im Wiener Theater am Steinhof, das zur größten psychiatrischen Klinik Österreichs gehört, konstruiert sie etwa 1986 die Raumkomposition *Das Ballett der Spechte:* Zwischen zwei gegenüberliegenden Spiegeln öffnet sich in endloser Reihe eine reflektierende Kabinettserie wie eine unaufhörlich sich schachtelnde Zimmerflucht. Der visuellen Obsession entspricht eine akustische: in immer gleichen Abständen, in endloser Wiederholung ein Picken und Klopfen. Feine Hämmerchen ticken gegen den einen Spiegel, zwei Federn, schwarzweiß gescheckt, schlagen gegen den anderen und schnellen zurück. Ihr Ton wird stumme Bewegung in der gläsernen Tiefe. Das Anticken und Zurückschrecken aber greift eine Bewegung auf, die Rebecca Horn in der psychiatrischen Klinik beobachtet hatte: Die Patienten schauen im Vorbeigehen oftmals in die alten Spiegel des Gebäudes, und im Schreck vor der plötzlichen Begegnung mit ihrem Angesicht schnellten sie jedesmal zurück.

Wie viele Arbeiten, so trägt auch diese nicht nur einen Titel, sondern wird zudem noch von einem Text von Rebecca Horn begleitet, der die Geschichte der *Sizilianischen Reise* erzählt: „Zur Zeit der Kreuzritter lebte in Sizilien ein Fürst, dem die Buße auferlegt worden war, die Geburtsstätte Jesu Christi aufzusuchen. Da seine Frau sehr krank war, wagte er nicht, sein Land zu verlassen. Er verschloß die Tore seines Palastes vor den Blicken Neugieriger und begab sich mit seinem Diener allein auf diese Reise – eine Reise durch die Räume seines Palastes. Nach Monaten schwerster Strapazen erreichten sie auf dem Dachfirst das Gelobte Land."[23]

Als würde eine Spiralbewegung beschwerlich in einem Unten beginnen und sich immer leichter werdend nach oben drehen, als würde die eigentliche Innenschau den Blick in die Unendlichkeit eines Spiegels öffnen, so verbinden sich Bild und Text zu einem Thema, das sich leitmotivisch durch das Werk von Rebecca Horn zieht. Als würde die Künstlerin mit den Bildern ihrer mechanischen Skulpturen und Installationen an einem immensen Strom einer Zeichen-

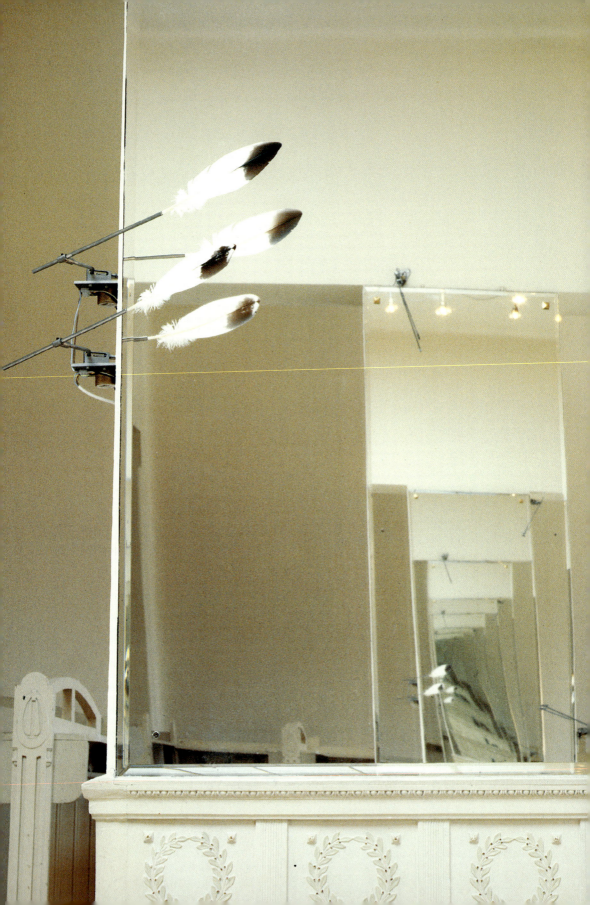

schrift arbeiten, die immer wieder neu universale Erlebnisse und Erfahrungen zum gegenwärtigen Ereignis macht, so breitet sich dieses Werk selbst in einer Spiralbewegung aus. Während die Behauptung der Moderne, es gäbe keine Mitte mehr, während Collage und das Mallarmésche Auseinanderbrechen von Zeichen und Bezeichnetem längst Tradition geworden sind, schafft Rebecca Horn seit Jahrzehnten unbeirrbar eine Welt, die in authentischen Bildern das Thema einer solchen Mitte nicht nur sichtbar macht, sondern auch zum erlebbaren Ereignis für den Zuschauer werden läßt.

Zur Unverwechselbarkeit dieser Bilder gehört es, daß ein Ton, wie etwa das Schrammen der immer wieder auftauchenden Geigen, das Klopfen der Hämmerchen oder auch das hallende „Duck" eines Wassertropfens, der hoch aus den Baumkronen oder von der Decke in ein Wasserbecken unten am Boden fällt, skulptares Element ist, ja daß Raum, Objekte, Bewegung und Ton in ihrem Ablauf und Rhythmus durchkomponiert sind wie ein Musikstück. Deshalb ist es innerhalb der Werklogik Rebecca Horns nicht verwunderlich, daß selbst eine Arbeit wie die Entlarvung und Besetzung des alten Befestigungsturms, des Zwingers von Münster, *Gegenläufiges Konzert* heißt (1987). Als die Künstlerin diesen Ort entdeckte, war das dicke Gemäuer von Efeu und Holunderbüschen überwuchert. Das Dach fehlte. Türen und Fenster aber waren vermauert und vom Wildwuchs verdeckt. Niemand in Münster wollte je den Turm öffnen, und erst recht hatte niemand je gefragt, warum nicht. Als Rebecca Horn sich während der Skulptur-Projekte in Münster 1987 entschließt, diesen Ort für ihr künstlerisches Eingreifen zu wählen, stößt sie in der Stadt nicht nur auf Zustimmung. Teil ihrer Arbeit ist es, zunächst die Geschichte freizulegen, die sie in einem eigenen Text festhält. Haargenau und präzis, in kurzen Sätzen, die wie angenommene Zügel die Schilderung eines unglaublichen Skandals kontrollieren, dokumentiert sie wie in einem Gerichtsprotokoll, was sie in Archiven herausgefunden hat, und läßt die Fakten wie Protagonisten auftreten. Da heißt es: „(...) 1732 machte man schließlich aus dem ehemaligen Wehrturm ein Gefängnis. Johann Conrad Schlaun zeichnete die neuen Pläne für dieses Gebäude. Das Gefängnis wurde Teil einer Gesamtanlage mit einem zweiflügeligen Zuchthaus. Die drei Stockwerke des Baus erhielten je sechs Zellen: Die im Kellergeschoß waren ohne Licht, die Zellen im Erdgeschoß besaßen je ein kleines Fenster zum kreisförmigen Lichthof, die im Obergeschoß hatten nicht nur Fenster, sondern ließen sich sogar beheizen. Zum Ende des 19. Jahrhunderts wurde das Gefängnis aufgelöst. 1911 erwarb die Stadt den unter Denkmalschutz stehenden Zwinger. Mit einigen baulichen Veränderungen nutzte man ihn nach dem Ersten Weltkrieg für Notwohnungen. Es quartierte sich dort unter anderem auch ein Maler ein. 1938 übergab die Stadt in einem feierlichen Akt den Zwinger an die Hitlerjugend, die sich darin mit neu ausgestatteten ‚Schar- und Jungvolkräumen' niederließ. In den letzten Kriegsjahren übernahm die Gestapo das Gebäude. Im engen Lichthof wurden polnische und russische Kriegsgefangene hingerichtet, die Technik war, jeweils vier Menschen gleichzeitig aufzuhängen. Im letzten Kriegsjahr zerstörten Bomben das Dach und den Innenhof. Die Stadt vermauerte und verbarrikadierte von außen die Fensteröffnungen und Türen und verweigerte damit jeglichen Zutritt; so wurde Distanz zum Grauen der vergangenen Jahre erzwungen. Von außen verschlossen, doch im Innern durch eine klaffende Wunde geöffnet und jeder Witterung ausgesetzt, entwickelte sich im Zwinger zaghaft neues organisches Leben. Bäume streckten sich aus den Wänden und Fensterhöhlen gegen den Himmel. Farne und Moose überwucherten die Treppen und Gänge zu einem bisher noch wild wuchernden Paradiesgarten, der mit seinen Pflanzen das kahle Gemäuer überdeckt."[24]

Der Text ist hier deshalb so ausführlich zitiert, weil es Rebecca Horn gelingt, ohne auch nur irgend etwas hinzuzufügen, lediglich in ihrer bestandsaufnehmenden Beschreibung, das zweite Verbrechen des Turms zu formulieren: nämlich der Zwinger als fünfzigjähriges Schweigewerkzeug, als Zwangsjacke gegen die Wahrnehmung der Geschichte. Mit sehr wenig Aufwand, aber mit einer auf höchste Präzision gesteigerten sinnlichen Imagination, geht sie daran, ihr Wissen in ihren Bildzeichen mitzuteilen, das Wissen um die Geschichte gegenwärtig zu machen: Zunächst einmal heißt das, den Turm zu öffnen, durch das Dickicht einen Weg freizuschlagen, den verbotenen Ort zu betreten. Dabei legt sie jene Form frei, die von da an für eine ganze Reihe von Skulpturen und Rauminstallation bestimmend wird: die sich nach oben ziehende Spirale. Der Turm besteht aus einem dunklen, niedrigen, katakombenarti-

gen Gang, der sich in engen Windungen um einen inneren runden Schacht ins Licht dreht. Nur langsam orientiert sich das Auge, noch geblendet vom Tageslicht; Öllämpchen scheinen Wache zu halten, erleuchten verschwörerisch altes Backsteingemäuer, zeichnen eher die Unheimlichkeit des Ortes nach, als daß sie den Weg weisen; in der Sprache von Rebecca Horn sind es erdgebundene Seelen der dort Ermordeten[25]. Der Boden ist uneben, sandig. In der dunklen Stille klopft es. In versetzten Rhythmen schlagen vierzig feine Metallhämmerchen gegen die Wände, ein lautes Picken und Ticken, als wäre der Turm zur Unruh verdammt. Nach oben hin verstärken sich die Klopfzeichen. Schließlich öffnet sich der Gang, führt auf eine Plattform, die den zwölf Meter tiefen, runden Schacht überragt. Im plötzlichen Tageslicht möchte man befreit aufatmen, weiß aber zugleich: genau an dieser Stelle hatte die Gestapo ihre Gefangenen gezwungen, den Galgen selbst zu zimmern, hier wurden sie gehängt, um dann in die Tiefe zu fallen. Beklommen tritt man an das Gitter der dachlosen Ruine, wagt den Blick in die Tiefe und schaut in einen glatten, runden, schwarzen Wasserspiegel. Ein Stück Himmel, Blattwerk und eine weißliche Trichterform sind da zu sehen, bis ein hallender Tropfen das Bild in Wasserringe auflöst. Unwillkürlich schaut man nach oben und entdeckt, in den Bäumen befestigt, die aus dem alten Gemäuer himmelwärts wachsen, einen geschwungenen Trichter, aus dem sich alle 20 Sekunden ein einzelner Wassertropfen löst und 15 Meter in die Tiefe fällt. Während der Zeit der Skulptur-Projekte in Münster 1987 hatte Rebecca Horn ein Glasterrarium installiert, in dem ein Schlangenpärchen lebte. „Erdgebunden", nennt Rebecca Horn in ihrer eigenen Beschreibung die Schlangen, „die – täglich ernährt mit einer Münstermaus – das Kommen und Gehen verfolgen und kontrollieren, die Monate hindurch."[26] Erd- und himmelsgebunden ist die Raumkomposition aber durch eine Achse, die durch nichts als durch den fallenden Tropfen gegeben wird; oder durch das immer wieder sich in Wasserkreise auflösende Spiegelbild; oder durch das ansteigende Klopfen. Bewegliche, ephemere Elemente bestimmen *Das gegenläufige Konzert*, das sich in das Bestehende einschleicht, es nicht eigentlich zum Thema macht, sondern hier und da mit wachenden Zeichen besetzt. Hier wird nicht etwas der Vergangenheit entrissen, wird Vergangenheit nicht etwa bewältigt, hier wird sie nur in einen Ort verwandelt, wo sich höchste Gegenwart

Das gegenläufige Konzert, Skulptur-Projekte in Münster, Münster 1987 ereignet, wo an die eigene Geistesgegenwart und Wachheit gepocht wird. Als wären die seismographischen Erdvermesser, die Schlangen, eine Bildformel für ein Geschichts- und Gegenwartserleben, dem auch die geringste Gefahr nicht entgeht. Wer von der Plattform aus länger in die Tiefe schaut, sich vielleicht gar etwas vorbeugt, der sieht in sein eigenes Konterfei.

Mit dieser Vergegenwärtigung einer Verantwortung, eines eben gerade auch von Vergangenheit Angesprochenseins, geht Rebecca Horn einen Weg, als würde sie den Menschen die Zeichen hinterhertragen, die so leicht übersehen und überhört werden. In seinen Darlegungen zum Dialogischen Prinzip untersucht Martin Buber nicht nur etwa die Zwiesprache zwischen einem Ich und einem Du – eins seiner großen Themen ist vielmehr, das Weltgeschehen selbst als etwas Konkretes aufzufassen, das, wie Buber sagt, „mich anblickt"[27]. Unbeugsam und sich radikal verwehrend gegen irgendwelche Klischees von Aberglauben, postuliert der Philosoph: „Jeder von uns steckt in einem Panzer, dessen Aufgabe ist, die Zeichen abzuwehren. Zeichen geschehen uns unablässig, leben heißt angeredet werden, wir brauchten uns nur zu stellen, wir brauchten nur zu vernehmen. Aber das Wagnis ist uns zu gefährlich, die lautlosen Donner scheinen uns mit Vernichtung zu bedrohen, und wir vervollkommnen von Geschlecht zu Geschlecht den Schutzapparat."[28] Wie die inständige Mahnung eines großen Weisen, so klingt es, wenn er fortfährt: „Die Zeichen der Anrede sind nicht etwas Außerordentliches, etwas, was aus der Ordnung der Dinge tritt, (…). Was mir widerfährt, ist Anrede an mich. Als das, was mir widerfährt, ist das Weltgeschehen Anrede an mich. Nur indem ich es sterilisiere, es von Anrede entkeime, kann ich das, was mir widerfährt, als einen Teil des mich nicht meinenden Weltgeschehens fassen. Das zusammenhängende, sterilisierte System, in das sich all dies nur einzufügen braucht, ist das Titanenwerk der Menschheit."[29] Die Bildformeln Rebecca Horns sind solcherart Zeichen, die, abseits von akademischen Kunstäußerungen, gerade den kulturellen Panzer durchdringen können, die sich einfügen können in das, was Buber „das Weltkonkretum"[30] nennt. Während der Besucher heute in das alte Gemäuer des Zwingers eintritt, neugierig in die Dunkelheit späht, schaudernd die Plattform erreicht, wird er zum Mitwisser. Das ist die andere Gegenläufigkeit dieser Komposition: Wer in diesen Ort der Erinnerung eintaucht, wird sich diese Erinnerung vergegenwärtigen müssen, ob es seine eigene ist oder nicht. Das Gedächtnis der Täter und der Opfer gleichermaßen. Und niemand wird sagen können, er sei später geboren und deshalb nicht angesprochen. Die Lebendigkeit der Zeichen, ihr permanentes sich Ereignen, fragt ebenso unaufhörlich nach dem Geschehen jetzt, nach dem Geschehen morgen. Denn Gegenwart ist nicht etwas, was ist, sondern das, was geschieht – immer wieder, und wäre es nur das Ereignis des fallenden Wassertropfens.

Denn mit diesem Element ist wieder so etwas wie ein Metronom gegeben, welches das Stück Zeit, das der Zuschauer selbst mit diesen Arbeiten zubringt, skandiert. Mit dem Eintreten in den Zeit-Raum von Rebecca Horn läuft die Uhr der Revolte, einer Umwälzung, die möglicherweise den Zuschauer das Gelobte Land auf dem eigenen Dachfirst entdecken läßt, oder seine eigene Teilhabe an der Geschichte im Konterfei zeigt, oder jene chassidische Geschichte von dem Bauern heraufbeschwört, der auszog, einen Schatz in Warschau zu finden, und unterwegs erfährt, in seinem Herd zuhause sei ein Schatz vergraben.

Die Revolte von Rebecca Horn stellt sich gegen ästhetische Konventionen allein schon dadurch, daß sie mit ihren Bildern immer wieder das Drama der Einzelexistenz formuliert, also den Moment, wo jemand aus seinem geordneten Dasein als Staatsbürger heraustritt in eine Identitätserfahrung. In diesem Licht ist es nicht verwunderlich, wenn Rebecca Horn auch die Passion als Rebellion versteht, wie etwa in ihrer großen Installation an mehreren Orten der Stadt Barcelona: *Rio de la Luna,* 1992. Da ist die Passion als dramatische Energie formuliert, als Gratwanderung zwischen Himmel und Hölle, zwischen Kreation und Destruktion, zwischen berauschender Ich-Stärkung und erschreckender Ich-Hingabe, zwischen Beschenktsein und Verlustangst; da zeigen die Bilder Passion als Turbulenz, als wohl stärkste Revolte und Revolution einer Einzelexistenz, als den Moment, der immer zugleich Anfang verspricht und mit dem Ende droht, der jede Ordnung in Chaos stürzt. Das Thema der Leidenschaft breitet Rebecca Horn aus in einem verzweigten System von Quecksilberflüssen, die eine große Pumpe mondwärts und meerwärts durch Bleirohre treibt. Damit ist ein Bild gegeben, das sich in einen ganzen Werkkomplex einschreibt, Energien, Ströme, Winde als Bewegungen auffaßt, die um

El Lucero Herido, Barcelona 1992

die Erde wandern. Auf ihrem Weg – so ist es imaginiert – tauchen Trichter dieser Quecksilberflüsse an verschiedenen Stationen auf, in den „Herzkammern" eines alten Stundenhotels, die jeweils – vom Himmel voller Geigen bis zur gegenseitigen Zerstörung – einer Zeit gewidmet sind.

Diesen „Herzkammern" entspricht auf eine überraschende Weise eine andere Arbeit am Strand von Barcelona, die zur selben Zeit entstanden ist. *El Lucero Herido,* verletzte Sternschnuppe, heißt ein windschiefer, wackeliger Turm aus Buden und Hütten. Halsbrecherisch sind sie aufeinandergestapelt. Es sind die Chiringuitos der Getränke- und Churrosverkäufer. Als die Regierung beschloß, den Strand umzugestalten, weißen Sand aufzufahren, Palmen zu pflanzen und pompöse Promenaden anzulegen, wurden die Buden abgerissen, die für die Besitzer aber beinahe so etwas wie ein Zuhause waren; sie waren selbstgezimmert, nach den Winterstürmen wurden sie jedesmal sorgfältig repariert und geflickt. Für diese Alltagstradition hat Rebecca Horn ein Denkmal gesetzt: Im Innern der aufgestapelten Hütten, hinter spiegelnden Fenstern, wandern Blitze nach oben, von Kubus zu Kubus versetzte Jakobsleitern, die zu den leitmotivischen Elementen in ihrem Werk gehören. Es scheint, als hielten die Blitze Wache in ständig wiederkehrender, rhythmischer, aufsteigender Bewegung; und sie fungieren, so könnte man sagen, wiederum als Metronom, diesmal als Metronom aus rebellischem Licht.

Auf den folgenden Seiten: Der Emigrant, Kafkas Amerika, New York 1990 (links), Kafkas Amerika, New York 1990 (rechts)
Chor der Heuschrecken I, Berlin 1991 (links), Chor der Heuschrecken II, Berlin 1991 (rechts)
Berlin Earthbound, Berlin 1994 (links), Concert for Anarchy, Berlin 1994 (rechts)

Raum des verwundeten Affen, Die Endlichkeit der Freiheit, Berlin 1990

Revolte als Ausgangspunkt

Berüchtigt ist in Paris das Krankenhaus Salpêtrière. Die Geschichten um den Neurologen Jean Martin Charcot aus dem 19. Jahrhundert, der hier seine Patienten in Zwangsjacken hielt, seine Untersuchungen zum sogenannten „hysterischen Bogen" machte, Behandlungsversuche durch „Abreaktion" und Hypnose unternahm, tragen zum Schrecken dieses Ortes bei. 1995 baut Rebecca Horn in der großen, überkuppelten Chapelle de Saint-Louis de la Salpêtrière die Arbeit *Inferno,* einen Turm aus Krankenhausbetten, die sich kreuz und quer, kopfüber in verhakter Spirale hinauf bis zur Kuppel winden. Aus dem letzten Bett hochoben unter der Decke tropft Wasser in ein schwarzes Bad auf dem Boden. Das Bad hat die Maße eines Bettes, und die Wasseroberfläche reflektiert den Turm, bricht ihn in seiner Spiegelung. Ein Pärchen zuckender Kupferschlangen stört die gleichmäßigen Wellen des auftreffenden Tropfens und läßt das Spiegelbild vollends zerfließen. Die aufsteigende Spirale der Bettgestelle wird skandiert von Blitzstäben, deren zischende Flämmchen nach oben schnellen. Hier zeigt sich einmal mehr, wie Bewegung oder Licht zum skulpturalen Element werden kann. Der rhythmisch fallende Tropfen, die aufsteigenden Blitze scheinen wiederum als so etwas wie Zeit- oder Raumraffer zu fungieren; wie eine Spange halten sie die Spirale des Bettenturms zusammen, schaffen einen Kreislauf zwischen unten und oben, geben den heiklen Deckenbesetzungen ihre Himmelsbefestigung und Bodenverankerung. Das züngelnde Licht und der Tropfen finden ihr absurdes Echo in einem kleinen Federbusch, der über einem eisernen Kinderbett zittert. Dieses Werk ist dem zur Entstehungszeit der Arbeit gerade an Aids verstorbenen englischen Schauspieler David Warrilow gewidmet. Der Federbusch spiegelt sich in einer Quecksilberlache, die im Bettgestell ausgegossen war; und wer ihn genauer betrachten will, wird im Spiegel wieder dem eigenen Porträt begegnen. Vielleicht wird man dann um so mehr erschreckt zurückweichen, als die eisernen dünnen Beine auf vier Gänse-Eiern balancieren, und das Spiegelbild konkurriert mit dem Porträt-Foto von Warrilow, das am Rahmen befestigt ist. Das zaghafte, federleichte Pendel aber fügt sich ein in die Bilderreihen der Metronome und Taktstöcke, die in ihrer unscheinbaren Fragilität möglicherweise nicht

weniger zur Revolte anstiften als der schmetternde Pflasterstein in der Installation auf Schloß Ettersburg.

In engem Zusammenhang mit dem *Inferno* steht der *Turm der Namenlosen,* der 1994 im Treppenhaus einer alten Villa am Naschmarkt in Wien entstanden war. Ein ganzes Konzert von langgezogenen, traurigen Tönen erklingt von unzähligen Geigen, die an alten hohen Obstleitern hängen; fragil ineinander verhakt bilden sie einen tanzenden Turm; die erste Leiter berührt den Fußboden kaum, die letzten Leitern scheinen sich so hoch in das Treppenhaus hinaufzudrehen, als wollten sie die ganze Sprossenspirale zum Dach hinaustreiben; als wäre der Schwerpunkt von unten nach oben verlagert. Auch die Bewegungen der Geigenbögen und die gestrichenen Töne scheinen nach oben zu wandern. Hoch an der Decke hängt ein Trichter, aus dem schwarzes Wasser in ein rundes schwarzes Becken gleicher Größe, acht Meter darunter, tropft. Im Sekundenrhythmus löst sich der Tropfen, und es ist, als könnte seine Abwärtsbewegung ein Gegengewicht schaffen und dem gesamten Turm Stabilität verleihen. In dem schwarzen Becken entstehen ruhige, regelmäßige Wasserringe, die immer wieder von einem Pärchen zuckender Kupferschlangen gestört werden. Wie in allen Arbeiten schlägt der fallende Tropfen wiederum als ein orchestrierendes Metronom den Rhythmus der Raumkomposition. Im *Turm der Namenlosen* gibt er allerdings tatsächlich den Rhythmus zu einer Art klagendem Musik-Konzert.

Der *Turm der Namenlosen* war zur Zeit der ersten kriegerischen Auseinandersetzungen in Jugoslawien entstanden. Auf westlicher Seite, aber an der Grenze zum Balkan, notiert Rebecca Horn eine Wahrnehmung der Alltagsdramen, die so in keiner Zeitung steht: „Wien war im Untergrund von Kriegsflüchtlingen aus Jugoslawien bevölkert, und diese Geflohenen hatten sich verkrochen in Hauseingängen und U-Bahnschächten. Aber überall war die Energie der Musik anwesend. Diese Menschen mußten sich irgendwie artikulieren – nicht mehr in einem Schrei, nicht mehr in Sprache, sondern durch Musik. Dies war die einzige Form, ihren Schmerz auszudrücken, denn Deutsch sprachen sie nicht. Sie hatten keinen Paß, keine Identität, sie waren auf der Flucht. Wien war schon im Dritten Reich vor der Übernahme durch Hitler eine Art Transitstation, und plötzlich trat dieses Fluchtmoment wieder in Erschei-

nung. Dieser Bewegung des Fliehens wollte ich eine Stabilität entgegensetzen, einen Ort, wo diese namenlosen Menschen ihre Identität wiederfinden könnten. So habe ich dort in der Nähe des Flohmarkts den Turm der Geigen errichtet. Jeden Tag kam ein jugoslawischer Zigeuner, der das Spiel der mechanischen Geigen durch sein eigenes Violinenspiel transformierte und die vorgefundene Disharmonie so in eine neue Harmonie verwandelte." [31]

In ihrem konzertierten Auftreten nehmen die Geigen die skulpturale Macht ein, die sich sonst als einzelnes Element nur andeutet – vergleichbar mit der Visualisierung großer Energieströme, die sich über Kontinente ausbreiten können, formulieren die Geigen das Akustische dieser Ströme oder Winde.

Während im *Turm der Namenlosen* solche Ströme als sprachloser Klagechor den Raum erfüllen, fängt eine andere Skulptur die Stimmen und Wörter solcher Ströme ein, läßt sie durch Rohre hindurchfließen: *Der Schildkrötenseufzerbaum,* zuerst in New York 1996 gezeigt, zittert auf vier plumpen Beinen. Aus seinem Panzer wachsen geschwungene Kupferrohre nach oben, die sich wie Äste eines Baumes verzweigen. An den Enden formen sich Trichter, aus denen flüsternde Stimmen zu hören sind. In großen Lamenti klagen die Stimmen, erzählen in vielen Sprachen seufzend, weinend, flüsternd von ihrem Leid. Der Betrachter wird zum Zuhörer: Wer sich den Trichtern nähert, um zu lauschen, wird wiederum Teil der Skulptur – während der Kopf zur Hälfte im Trichter oder Blütenkelch verschwindet, scheint die Gestalt des Lauschenden zur Biene oder zur Frucht des Baumes zu werden. Die strömenden Stimmen aber mögen vor dem inneren Auge des Besuchers die Bilder auslösen, die hier nicht gezeigt sind: Die Unentrinnbarkeit vor dem Mittagsgespenst; „jeder Mensch", so hat Valéry diese Unausweichlichkeit beschrieben, „zieht hinter sich her eine Verkettung von Ungeheuern, die sich unauflösbar gebildet hat aus seinen Handlungen und aus den Gestaltungen seines Körpers, von denen die eine in die andere überging"[32]. Und seltsamerweise treffen sich die Haltungen der Besucher: Hier die Lauschenden, die ihr Ohr von außen an einen Innenraum halten, dort, in der Komposition *Les Délices des Evêques,* die Späher, die durch Spalte schauen, Türen öffnen, die Mitwisserschaft antreten.

Warlock's Memorial (links), Die chymische Hochzeit (rechts), Chapelle Saint-Louis de la Salpêtrière, Paris 1995

Das Perpetuum mobile, das Rebecca Horn in ihrer Arbeit immer wieder ins Bild setzt, hat nicht nur die zerstörende, zerstörte menschliche Existenz zum Thema, sondern auf der anderen Seite auch das Leiden, das Suchen, die nie versiegende Energie, von vorn zu beginnen. Aby Warburg hatte zu Beginn des Jahrhunderts und beinahe zeitgleich mit den Fanfaren der internationalen Avantgarde, die in ihren Manifesten eine „Weltkultur" ausrief, auf einer seiner Karteikarten den revolutionären Gedanken festgehalten: „Der Leidschatz der Menschheit wird humaner Besitz."[33] Einerseits hat er damit die Erfahrung aus der jüdischen Kultur, in eine „Weltqual" eingebunden zu sein, auf eine universale Existenzerfahrung geöffnet; andererseits aber versucht er mit seiner These vom „Leidschatz" im Leiden der Menschheit eine Energie zu sehen, die umgewandelt, verlebendigt, die neubewertet und reflektiert werden müsse. So wird in seinen Augen etwa die Figur des Laokoon zu einer universalen Leidensformel, die „individuums- und bewußtseinsschaffend" wirken kann. Als solcherart Formeln ist vielleicht das Werk von Rebecca Horn zu verstehen, Bildformeln, die mit immer neuer Energie aus der Zerstörung an den Anfang zurückgehen. Wenn sich in Venedig, während der Biennale 1997, die Klageströme aus dem Abriß-Schutt der Stadt herauswinden, man nicht genau weiß, ob die Kupferrohre und Trichter die Steine erst aufgerissen oder ob sie Massen von schon bestehendem Schutt unterwandert haben, dann ist – so könnte man denken – die andere Seite der Revolte ins Bild gesetzt: Die dramatischen Klagen der einzelnen Stimmen wandeln sich um in umstürzlerische Energie. Wer weiß, ob nicht die Kläger oder Lauscher irgendwann doch nach einem Stein greifen und ihn werfen oder eine Barrikade bauen werden?

Neben den fokussierenden Bildformeln, die beinahe wie in archetypischen Chiffren einzeln auftreten oder sich zu einer Komposition zusammenfügen können, schafft Rebecca Horn immer wieder sich ausbreitende, verästelnde Bilder – Landkarten oder Erdlandschaften gleich. Wie materialisierte Energien scheinen sie nicht Teile der Welt zu verkörpern, sondern die Erde zu umwandern, ähnlich den Winden oder Meeresströmungen.

Und auch unter diesen sich ausbreitenden Bildern gibt es solche, die als Einzelobjekte auftreten, und andere, die in großen Konzerten zusammenklingen. Das *Spiralbad,* 1982 in Sydney entstanden, ist ein quadratischer

Glaskasten. Darin liegt auf spiegelndem Grund ein großes Ei. An einem Metermaß, das diagonal durch den Kasten führt, ist eine Schere mit einem feinen gezwirbelten Draht befestigt; die Schere pendelt bis auf einen gefährlichen Millimeter heran über das Ei. Das Ei ist schneeweiß, während der Kasten aber von schwarzer Tinte wie von einem Trauerregen gesprenkelt ist. Auf der Oberfläche des Glaskastens breitet sich die Tinte zu einem großen Strudel aus. Zu der Arbeit gehört ein Text von Rebecca Horn, in dem es heißt: „In der südlichen Hemisphäre unserer Erde / existiert eine verhältnismäßig gewöhnliche Art von Wandervögeln / Sie vermehren sich so schnell / daß nur eine Finte der Natur / uns vor einem Alptraum bewahren kann / Jedes Jahr verdunkeln sie in Scharen / den Himmel über Westafrika / wo sie sich zu ihrem Wanderflug über den Atlantik sammeln / Nur ein Zehntel erreicht die Küsten Südamerikas / neunzig Prozent fallen erschöpft in den Atlantik / Man vermutet, daß in der Mitte des Ozeans / genau dort, wo nach Ansicht der Geologen / vor Millionen von Jahren / Afrika sich von Südamerika gelöst hat, / diese Vögel zu kreisen beginnen / Sie suchen ihr Land da / wo es nicht mehr existiert / Ihr seit Millionen von Jahren übertragener Instinkt / führt sie erschöpft in den Tod / Nur die Unsensibelsten erreichen den Kontinent."[34] Welchen Alptraum also mag das schneeweiße Ei in sich bergen? Oder ist es umgekehrt jenes unveräußerliche Innerste, jenes „Secret Egg", das gerade durch die pendelnde Schere geschützt ist vor den kreisenden Schwärmen der „gewöhnlichen Wandervögel"? Eine Fragenspirale beginnt ebenso so kreisen, und vielleicht ist es wichtig, die Fremdheit dieser Skulptur, das ganz Andere dieses künstlerischen Zeichens zu respektieren, es nicht zu „kolonialisieren"[35]; vielleicht ist es wichtiger, sich hin und wieder zurückzunehmen in jenem bürgerlichen Bedürfnis, kulturell ein Fremdes zu begreifen, es damit zu besitzen, vielleicht ist es besser, hin und wieder das Fürchten zu lernen.

Mag sein aber auch, in diesem Bildgegenstand, dem Ei, das man unter allen Möglichkeiten gewiß vorrangig als einen Begriff von Anfang verstehen kann, erreicht das Untersuchungsfeld jener „Revolte als Umkehr" noch eine andere Dimension. Denn die Revolte, die Mittelpunktssuche, hat nur dann ihren wirklichen Sinn, wenn dieser Mittelpunkt Ausgangspunkt wird, für ein sich Öffnen auf ein neues Ziel, für ein sich Investieren. Noch einmal sei Buber

herangezogen: „Alle Versenkungslehre gründet in dem gigantischen Wahn des in sich zurückgebogenen menschlichen Geistes: er geschehe im Menschen. In Wahrheit geschieht er vom Menschen aus – zwischen dem Menschen und Dem, was er nicht ist. Indem der zurückgebogene Geist diesem seinem Sinn, diesem seinem Beziehungssinn absagt, muß er Das, was nicht der Mensch ist, in den Menschen hereinziehen, er muß Welt und Gott verseelen. Dies ist der Seelenwahn des Geistes."[36]

Die Bildformeln von Rebecca Horn erlauben keine träumerische Kontemplation, sondern verlangen eine extreme Wachheit – der mit Radikalität formulierte Nullpunkt in ihren Arbeiten, das unaufhörliche Klopfen und Schlagen, das Aufpeitschen von Raum und Zeit zeigen eine Künstlerin, die aus höchster Geistesgegenwart und Notwendigkeit ihre Bilder erfindet. Ende 1998 hat Rebecca Horn diese Künstlerrealität in eine fast unerträgliche Chiffre umgesetzt: In einem kleinen Raum[37] reihen sich ungerahmte, weiße Leinwände. Darauf sind tierähnliche Maschinchen mit zwei Beinen montiert. Der Körper klammert sich an den Keilrahmen; die Beinchen-Fühler setzen in Abständen zum lauten Trommeln an. Die Leinwand ist mit Caput mortuum besprizt, der Farbe geronnenen Blutes – als würde hier mit jenem geheimnisvollen Saft gemalt. Die Arbeit heißt *Les Taupes de l'Art* (Die Maulwürfe der Kunst). Hier zeigt sich noch einmal und sozusagen am eigenen Leibe, welche Gegenläufigkeit die himmelwärts gerichteten Spiralen, die Sternenkarten, Flugbahnen der Vögel und Bienen immer wieder finden: Sie sind verankert in den parallelverlaufenden Gängen des Untergrunds, in jener Wühlarbeit, die es nicht zuläßt, daß eine Grasdecke sich schließt. Und aus dieser Sicht wird deutlich, daß ihre Bildformeln – die Schlangen, Blitze, Spiegel, Wasserbäder, Quecksilberströme, Hämmerchen, Wassertropfen, Pigmentkörnchen, Griffel, Zirkel, Pistolen, Trichter, Steine, Schmetterlinge, Metronome, Geigen, Taktstöcke, Koffer, Schuhe, Kohlen, Lämpchen, Flämmchen, Messer, Leinwände, Gläser, Schreibmaschinen, Bleistifte, Pinsel, Winde, Wellen, Federn, Leitern, Betten, Grillen, Bienen und Maulwürfe zu einem ungeheuren und immer mehr anschwellenden Strom gehören, der als mächtige Spirale sich fort und fort bewegt. Dieses ausufernde Vokabular, diese Chiffrensprache, die Rebecca Horn immer weiter erfindet, findet, verwandelt, erneuert, variiert, die sie „revoltieren" läßt um einen Neuanfang, dieses Zeichenkonvolut, mit dem sie es versteht, unmittelbar den Zuschauer anzusprechen, gehört aber viel weniger zu einer Kunstgeschichte als zu dem, was Buber ein „Weltkonkretum" genannt hat. Und vielleicht ist dieser Moment, sich angesprochen zu fühlen, sich in der eigenen Verantwortung zu erleben, das eigentliche politische Moment dieser Arbeit.

[1] Emmanuel Lévinas, *Quatre Lectures Talmudiques,* Paris 1968, „Je peux être responsable pour ce que je n'ai pas commis et assumer une misère qui n'est pas la mienne."

[2] C.f. Giorgio Agamben, *Quel che resta di Auschwitz,* Rom 1998, *Ce qui reste d'Auschwitz,* Paris 1999, S. 34 – 40

[3] Ein Begriff von Hannah Arendt, in einem Interview mit Günther Gaus, zit. in: Agamben, loc. cit., S. 89

[4] Rebecca Horn, an die Wand geschriebenes Gedicht, ibid.

[5] Julia Kristeva, *L'avenir d'une révolte,* Paris 1998, S. 12

[6] Saul Friedländer, *Quand vient le souvenir,* Paris 1968, S. 185f.: „Elle (l'incertitude) a toujours représenté notre manière d'être au monde et, à bien des égards, elle a, pour le meilleur ou le pire, fait de nous ce que nous sommes. Parfois, quand je pense à notre histoire, non pas celle de ces dernières années, mais à son cours tout entier, je vois se dessiner un perpétuel va-et-vient, une recherche de l'enracinement, de la normalisation et de la sécurité, toujours remise en cause, à travers les siècles, et je me dis que l'État juif aussi n'est peut-être qu'une étape sur la voie d'un peuple venu à symboliser, en sa particulière destinée, la quête incessante, toujours hésitante et toujours recommencée, de toute l'Humanité."

[7] Martin Buber, *Die Legende des Baalschem,* Zürich 1955, S. 115

[8] Paul Celan, *Gedichte,* Bd. I, Frankfurt/M. 1975, S. 157

[9] „Ich bin in dem Buch. Das Buch ist mein Universum, mein Land, mein Dach und mein Rätsel. Das Buch ist mein Atem und meine Ruhestatt", Edmond Jabès, *Le Livre des Questions,* Paris 1963, S. 36

[10] Martin Buber, loc. cit., S. 8

[11] Paul Celan, loc. cit., S. 157

[12] „Dans un village d'Europe centrale, les nazis un soir enterrèrent vivants quelques-uns de nos frères. Le sol, avec eux, remus longuement." Edmond Jabès, loc. cit., S. 320

[13] Henri Bergson, *Materie und Gedächtnis,* Hamburg 1991, S. 144

[14] George Steiner, *In Bluebard's Castle, Dans le Château de Barbe-Bleue,* Paris 1971, S. 14

[15] Rebecca Horn, unveröffentlichte Notizen

[16] Aby Warburg, *Mnemosyne,* Einleitung, S. 1, zit. in: E. H. Gombrich, *Aby Warburg, An Intellectual Biography,* London 1984, S. 276

[17] Rebecca Horn, unveröffentlichtes Gespräch mit der Autorin, Januar 1993

[18] Alle Begriffe von Rebecca Horn werden zitiert aus einem unveröffentlichten Gespräch mit der Autorin aus dem Juli 1997

[19] Hermann Broch, *Der Tod des Vergil,* Frankfurt/M. 1976, S. 315

[20] „Duro es el paso (Hart ist der Weg), Desastres de la Guerra, 14, 1810–11", zit. in: Werner Hofmann, *Goya, Traum Wahnsinn, Vernunft,* Hamburg 1981, S. 108

[21] „Que se rompe la cuerda (Hoffentlich reißt das Seil)", in: ibid., S. 94

[22] Jürgen Habermas, „Geschichte ist ein Teil von uns", Laudatio auf Daniel Goldhagen, in: Die Zeit, Nr. 12, 1997, S. 14

[23] Rebecca Horn, „Die sizilianische Palastreise", Katalogbuch *The Glance of Infinity,* Zürich – Berlin – New York 1997, S. 112

[24] ibid., S. 122

[25] Rebecca Horn in einem Gespräche mit der Autorin, April 1999

[26] *The Glance of Infinity,* S. 121

[27] Martin Buber, *Das Dialogische Prinzip,* Heidelberg 1984, S. 153

[28] ibid.

[29] ibid., S. 154

[30] ibid., S. 157

[31] Rebecca Horn, *Cutting through the Past*

[32] Paul Valéry, *Eupalinos,* dt. Frankfurt/M. 1990, S. 43 „… et chaque homme traîne après soi un enchaînement de monstres qui est fait inextricablement de ses actes et des formes succesives de son corps."

[33] Aby Warburg, *Handelskammer,* Notizbuch, 1928, S. 26, zit. in: E. H. Gombrich, loc. cit., S. 250, Fußnote 1

[34] Rebecca Horn, Text, 1979, *The Glance of Infinity,* loc. cit., S. 242

[35] David Freedberg, *The Power of Images,* Chicago – London 1989, S. 426, „If schematically, we assume that ordinary people happen to conflate, while elite segments deliberately strive to avoid compulsion of referentiality, what are we to make of the ways in which we find ourselves attempting to make sense of the picture by reconstituting that which is or which we want to be within it? Is it only in late bourgeois society that we do so, that we feel compelled to make sense of nature terms that we can visually recognize, that we colonize alien nature by incorporating it directly into art on which we thrive?"

[36] Martin Buber, loc. cit., S. 95

[37] Galerie de France, Paris

Besonderer Dank an
die Techniker der Weimarer Installation:
Peter Weyrich, Harald Müller,
Philipp Haas, Alexander Reichert,
Werner Weichel, Helge Müller

Rebecca Horn

Rebecca Horn – Konzert für Buchenwald
Lektorat: Miriam Wiesel
Design: Hans Werner Holzwarth, Berlin
Fotografen: Attilio Maranzano, Seiten 10–60, 70 und 84–104,
John Abbott, Michael Summers, Werner Zellien
Lithos: Gert Schwab/Steidl, Schwab Scantechnik, Göttingen
Druck: Th. Schäfer, Hannover
© 1999 für die Abbildungen: Rebecca Horn
© 1999 für die Texte: bei den Autoren
© 1999 für diese Ausgabe: Scalo Verlag AG,
Weinbergstrasse 22a, CH-8001 Zürich,
Telefon 411 261 0910, Fax 411 261 9262,
E-mail publishers@scalo.com, Website www.scalo.com

Alle Rechte vorbehalten.
Kein Teil dieses Buches darf in irgendeiner Form
ohne schriftliche Genehmigung des Verlags
oder der Künstlerin reproduziert werden.

Erste Auflage 1999
ISBN 3-908247-20-9

Rebecca Horn, Weimar 1999